重度情緒障害児への
箱庭療法

7人の子どもたちの事例をもとに

リース‐滝 幸子

創元社

(事例A) クリス

A-9

A-14

事例B ロン

B-9

B-14

事例C　マイク

C-1

C-6

(事例D) デイジー

D-16

D-20

事例E　ブルース

E-6

E-10

事例F　ルネ

F-10

F-17

(事例G) ビル

G-4

G-10

はじめに──箱庭療法との出会い

　筆者は一般看護学、公衆衛生看護を学び、それを発端にして、臨床心理に転向した背景をもっている。地域社会との接触は保健婦（現・保健師）の実習で地元京都の同和地区を担当したことが出発点であった。1961年に、京都の市立中学校で養護教諭として初めて就職することになり、そこでの体験が一生涯の職業の方向を決定するものとなったことを今改めて、認識させられている。その体験のなかでも、主として生徒の行動が理解できず自己懐疑に悩まされ、ついに、同僚の勧めで京都市教育委員会の主催するカウンセリング研修会に参加することになった。この道に足を踏み入れる最初のきっかけである。

　そこでロジャーズ（Rogers, C.R.）の生徒中心のカウンセリングに触れ、自分の迷いに少し方向性が見えたように思えて、毎週、グループ指導を受けながら現場で応用するための研鑽を続けることになった。それでも、沈黙のままの生徒や、家庭訪問でも隠れたままで関係をもつことのできない子どもにはお手上げで、悩まされた。

　その後、1965年にユング派分析家の河合隼雄先生がこの研修会の指導者に加わり、ユング心理学や象徴的なアプローチを学ぶことになり、自分でも夢分析に興味をもつことになる。

　1967年には、カルフ女史（Kalff, D.M.）の来日で箱庭療法の手ほどきを受け、当時は登校拒否が問題視されていた頃であって、筆者は遊戯療法や箱庭療法をカウンセリングに導入し、臨床に四苦八苦で対応していたことが思い出される。ユング派の教育分析を受けたのを契機に、ユング心理学を学ぼうと思い、1969年に渡米。

　アメリカに移住してから、自分自身のサンドプレー経験を深める機会をもつことになったのは、1971年にバークレーで開催されたユング心理学の大会でたまたまカルフ女史と再会し、ロスアンゼルスのイーデス・ソーウォルド（Sullwold, E.）に紹介され、箱庭の個人分析を受けることになったことにある。彼女は後にロスアンゼルスのユング研究所内の児童相談所の初代所長に就任し

た人であるが、私は、大柄な彼女がとても繊細で、直観タイプの鋭さを笑顔で和らげ、そしていつもヒッピーの流れをくむかのように裸足でオフィスにいる姿に仰天し、「アメリカならでは」という印象をもったのを覚えている。

1975年にはロスアンゼルスのペパーダイン大学（Pepperdine University）大学院で臨床心理学を専攻し、児童心理と家族療法を専門とする修士号を取り、翌年には、カリフォルニア州の結婚・家族・児童カウンセラーの免許を取得した。しかし、当時はそのライセンスで仕事の口はなかった。看護師の資格を取っていたおかげでロスアンゼルス府立の精神衛生外来で、アメリカ初のアジア系アメリカ人を対象にしたクリニックに就職が決まった。1977年のことである。

そこで仕事を始めてから、再び、箱庭の必要性に目覚めさせられることになる。ここの患者の大半はアジア7カ国からの移民であり、クリニックでは9カ国語が話されている。英語が第二国語である患者が大半であり、たとえバイリンガル、バイカルチュラルのセラピストをそろえていても、心の問題になると言葉での交流は困難を極めた。特に言語化の不得手な人の治療のためには、言葉以外で通じ合わねばならない。そこで必要に迫られて箱庭を導入することになるが、これが筆者が臨床の場での箱庭療法と真剣に取り組まねばならなくなった契機である。

当時は 精神衛生への差別と偏見が特に強いアジア系アメリカ人、アジア人の移民の患者をどう早期診療に誘うか、地域社会へどのように精神衛生のサービスを提供すればよいのか、まずそれに取り組まなければならなかった。また、これらの対象者にDSMを用いて診断することが適切なのかどうか、など疑問があった。例えばSCL-90（Symptom Checklist-90）などで調べてみると、患者の病状や訴え方にも7カ国、個々の国民性によって差があることに気づき、このような状態で診断や治療をどうするのか、多くの問題や疑問が渦巻いていた。

しかし、当時こうしたことに対するリサーチはほとんどなされておらず、資料がなかった。初代所長であった精神科医ジョー・ヤマモトの指導のもと数年間勤務するうちに、筆者は臨床現場での実践的研究の必要性を痛感した。そして、実践と研究が両輪であるような臨床家の姿勢を、勤務しながら体得してゆくことになった。

1983年からはロスアンゼルスのユング研究所で分析心理学を専攻し、心身のケアのために深層心理的なアプローチを学んだ。1990年に分析家の資格を取得。その後、個人営業の傍ら、1992年から15年にわたって南ロスアンゼル

ス地域の精神衛生センターにトレーニングコンサルタントとして勤め、重度情緒障害児のための箱庭療法の実践と、セラピストや医学部精神科のレジデントのために児童心理療法の臨床指導を行ってきた。

このセンターは総合精神衛生センターで、大人と子どもの入院病棟、外来診察、デイケア（5歳から12歳と大人）。小1から小6までの特殊学級、それにいくつかのスクール　サテライトがある。また、このセンターは結婚家族児童心理療法士、臨床ソーシャルワーカーが修士終了後ライセンスを取るために必要な3000時間、約2年間のスーパーヴァイズを受けての経験をする場でもある。それに精神科レジデントのフィールドプレースメントを受け入れる施設でもあるので、それらの専門領域のトレーニング、スーパーヴィジョンや研究の場であることを最初に文書で患者に説明を入れて、それへの協力を求め承認をとっている。

筆者の理論的、実践的な土台はシステム理論、家族療法、認知行動療法や対人関係論をカウンセリングに、また、箱庭療法のプロセスや治療関係の解釈に箱庭療法学と分析心理学を応用している。特に、最近多くの研究論文が発表されている心的外傷への対応には、箱庭によるトラウマの癒しのプロセスに関心をもち、その理解に分析心理学的見解と大脳神経生理／心理研究の関係にも注目している。

『重度情緒障害児への箱庭療法』目次

はじめに——箱庭療法との出会い　1

第Ⅰ章　箱庭療法の実践的研究への道 ………… 13

- **1** サンドプレーと箱庭療法　15
- **2** 実践的研究の発足にあたっての背景　15
- **3** 研究の目的　16
- **4** 研究方法の選択　17
- ① 研究モデルの選択　17
- ② 方法　17
  - (1) 対象の選択　17
  - (2) セラピストの選択　17
  - (3) 実施期間　18
  - (4) 指示　18
  - (5) 記録　18
  - (6) 妥当性について　19
  - (7) 守秘義務について　19
  - (8) セラピストの背景　19

第Ⅱ章　事例——7人の子どもたちの箱庭療法の経験 ………… 21

事例A クリス　家族と社会のタブーを覆す物語　23

- **1** 箱庭療法の経験記録　24
- **2** クリスの経験の変化　47
- ① 町のイメージと情動の変容　47

2 情動の制御について　48
　　　(1) 裏切り／喪失と破壊／滅亡　48
　　　(2) 怪物で表された原始的な情動　49
　　　(3) 竜巻で起きた汽車の脱線事故のパラドックス　49
　　　(4) 自殺する人／救助する人　51
　　　(5) 平穏で秩序のある町　51
　　　(6) 殺し、殺される者――戦いは終わった　51
　　　(7) ボス蛙の卵――アイデンティティを修正する　52
　　3 クリスの関係性の変化　54

（事例B）ロン　車椅子の英雄　59
　　❶ 箱庭療法の経験記録　60
　　❷ ロンの箱庭経験　74
　　❸ 治療者の感想　76

（事例C）マイク　独りぼっち、僕は君を想っているよ　77
　　❶ 箱庭療法の経験記録　78
　　❷ マイクの箱庭経験　96
　　❸ セラピストの情緒的な瞬間の経験　97

（事例D）デイジー　3人の魔女の城って何？　99
　　❶ 箱庭療法の経験記録　99
　　❷ デイジーの箱庭経験　119
　　1 表現されたテーマの象徴的な経験の意味　119
　　　(1) 「海底の貝」と「魔女の城」について　119
　　　(2) 「魔女」について　120
　　　(3) 魔女の城から巨大な砂山への移行　121
　　2 2人でするゲーム――的当てやビー玉遊びなど　121
　　3 その他　122
　　❸ デイジーの治療経験と箱庭療法の効果　122

（事例E）ブルース　大おばあちゃんのお花畑を作ろう　125
　　❶ 箱庭療法の経験記録　125
　　❷ ブルースの箱庭経験　142
　　❸ 治療者の経験　145

（事例F）ルネ　うだうだの後の創造　147
　　❶ 箱庭療法の経験記録　147
　　❷ ルネの箱庭経験と治療者の印象　163
　　❸ リサーチ期間後のフォローアップ　164

（事例G）ビル　W.W.Fと喧嘩ごっこ (Rough and Tumble Play)　171
　　❶ 箱庭療法の経験記録　172
　　❷ ビルの箱庭経験と遊びのテーマの変容　184

第Ⅲ章　箱庭療法と「遊び」の深層心理　191

　　❶ 対象者の背景──その類似点と相違点　193
　　　① 対象者の背景　193
　　　② 対象者の乳幼児期の背景　193
　　❷ カルフの自我意識の発達段階再考　194
　　　［第一期］母子一体期──ウロボロス期　194
　　　［第二期］植物段階　195
　　　［第三期］動物段階　195
　　　［第四期］闘争段階　195
　　　［第五期］社会適応段階　196
　　❸ 箱庭における遊びの表現と事例の理解　196
　　　① 箱庭にみられる7種類の遊び　197
　　　　(1) 感覚運動的な遊び（Sensory Motor Play）　198
　　　　(2) 対人関係のある遊び──ままごとやピクニックなど　198
　　　　(3) 図式的な遊び　198

(4) 造形的な遊び　199
　　(5) 象徴的／劇的な遊び　199
　　(6) ゲーム　200
　　(7) 喧嘩ごっこ、レスリングマッチなどのドタバタ遊び（Rough and Tumble Play）　200
　2 遊びの個人的差異と共通性　200
　　(1) 感覚運動的な遊び、「深い遊び」について——ブルース、ルネ、クリス　200
　　(2) 対人関係のある遊び——デイジー、ビル　202
　　(3) 造形的な遊び——デイジー、ルネ　202
　　(4) 図形的な遊び——ブルース、デイジー　203
　　(5) 物語のある遊び——クリス、ロン、マイク　203
　　(6) ゲーム、おはじき、的当て、儀式的なゲーム——デイジー、クリス、ロン　205
　　(7) 喧嘩ごっこ遊び（Rough and Tumble Play）——ビル　205
　3 診断名と発達心理学的観点からの検討——ADHDの子どもの遊び　206
4 結果について　207

第Ⅳ章　セラピストの経験
　——治療者の情緒的経験は治療効果(アウトカム)に影響するか？　……… 211

1 気づきと熟考　213
　1 気づき　213
　2 治療者の経験した感動的な、または印象的な瞬間／出来事　213
　3 興味深い問題点の追求　213
2 データの収集　214
3 結果と熟考（拡充）　215
　1 個人レベルの自己開示　216
　　(1) 子どもの究極の願望　216
　　(2) 深い遊び　217
　　(3) 再構成された「秘密」　218
　2 元型レベルの自己開示　219
　　(1) 宗教体験またはヌミノース体験の意義　219
　　(2) 「宝物」とマンダラ　220

(3) ヌミノースを招いた対決　223
(4) エロスとロゴスのイメージ　223
(5) ボス蛙の池　224
(6) 半分人間で半分蛙の子どもを救おう　224
(7) 個人から社会へ　225
(8) 片子コンプレックスへの妙薬　225
4 むすび／考察　226

あとがき　231
索引　234

本書を、ドラ・カルフ先生に
そして亡き父と母、息子タモチャンに捧げます。

重度情緒障害児への箱庭療法

7人の子どもたちの事例をもとに

第Ⅰ章
箱庭療法の実践的研究への道

1 サンドプレーと箱庭療法

　アメリカにおけるサンドプレーは、日本と同時期に導入されていながら、現在、日本のように広範囲にわたっての基礎研究や臨床での利用はあまりされていない。1970年の後半まではアメリカでも学校で、ことに特殊学級の先生たちがサンドプレー（当時は「サンドトレー」と言って、ローエンフェルト [Lowenfeld, M.] の系統を引く指導者がサンフランシスコやバークレーで活動していた）を教室に応用して、子どもたちの学力の向上で成果を得ていた（Noyes, 1981）。しかし、その後ますます専門職化が進み、教師がこれを続けることが困難になる。
　サンドプレーは日本と異なり治療者の資格をもち、サンドプレーのトレーニングを受けた Sandplay Therapist of America のメンバーで、かつ指導者の資格をもつ人しか指導することを許されていないので、2012年現在、未だ90人に満たない人々が、サンドプレー・セラピーの発展のために年数回のカンファレンスや集中研修セミナーを全米の数ヵ所で開催しているのが現状である。
　臨床家としてアメリカの大都市の中心部にある貧困層の多い精神衛生センターで仕事をしながら、筆者は今、その現場での臨床に身近な、そして、行政的、経済的に困難を極める現状に直面するなかで、ユング派の児童心理療法、サンドプレーを、現場により即した心理療法の技法として位置付けるための探究をしたいと考えている。

2 実践的研究の発足にあたっての背景

　筆者は、1998年にSTA（Sandplay Therapist of America）の理事として運営に参与して初めて、臨床心理の仕事をする上での痛切な社会問題を認識するに至った。それはアメリカやヨーロッパにおいては、医療医薬の経費が暴騰し、経済資源への不安などの背景があって、健康管理や健康保険システムなどから、精神分析／分析的心理療法など、長期を要する心理治療の領域における経費と治療成果／有効性（cost effectiveness）が問われるようになっており、その成果（outcome）、治療効果と経費についての研究（Rubin, S.I., 1997）が必要とされるようになってきていることである（Fishman, 2000）。ドイツの精神分析界でも同様に、健康管理領域からいよいよ高まる批判の圧力があって、やむなく実践的研

究に踏み切っている（Keller,W.1997, Rubin,S.I.,1997）という。

　一般の臨床心理の領域での成果研究を率先して施行してきた認知行動療法の分野では、この療法が、短期で経費の比較的安い治療法として有効性が認められてきている。しかし、現在までそのような研究は自分たちとは無縁のものとしてきた精神分析の臨床家の側でも、現実がそれを許さない時点に来ている。精神分析関係の長期を要する治療について、有効性の研究がなされていないため、長期を要する心理療法が健康保険の適用から外される可能性が考えられるからである。

　STAでもサンドプレー（以後、箱庭療法）の研究のうち治療成果の研究を早急に考慮するよう、具体的な仕事が開始された。その一例として、箱庭療法の有効性が医療関係、教育関係、同業の臨床心理関係者など広範囲のシステムに公認されるようにするために、ジャーナルの論文要旨やウェブサイトの整備をするなどして、今までより以上に消費者社会に目を向ける意識と実践上の協力をメンバーに得るように努めている。

　筆者自身も上記の意図に従って、箱庭療法の治療成果の研究をする場を探し始めた。暗中模索の末、今までにも、2、3の箱庭療法の研究論文（Reece, 1996；2001）を発表してきている重度情緒障害児を対象に、焦点をアウトカム、つまり治療効果に絞って研究を続けてみようと考えた。

　次に、この新たな研究の報告をする前に、研究の目的を明確にし、選択した方法について簡単に述べておくことにしたい。

3 研究の目的

　現在の地域精神衛生領域での傾向は、実証的な基盤に基づき、初回から終結まで、治療の各々の区切りで子どもとその家族が得たサービスの効果を評価しつつ治療計画を作成していくことにある。

　筆者も同様に、この研究目的として、重度情緒障害児（Severely Emotionally Disturbed、以後SEDと略す）の箱庭療法に対する対応や、箱庭がどのように個別的計画の作成とその効果の評価に役立ちうるかについても考えてみたいと思った。

　研究の目的は、上記の現状を考慮して、子どもの箱庭の経験を記述すること

であるが、この研究が臨床現場で実施されている関係上、個別にその治療的な経験の治療効果についても考察する。それに加え、研究途上で筆者の注目を引いたセラピストの経験をも記述し、治療効果、アウトカムとの関連性も考察したい。

4 研究方法の選択

1 研究モデルの選択

　SEDの子どもたちはユニークなニーズをもっていて、さまざまな治療サービスを受けている。そこで、単一の事例研究のモデルでは子どもの経験の複雑な様相を反映することは困難と思われるので、子どもの事例においては事例研究の複数のケースモデルを採用し、分析には単一レベルで全体を捉えるホーリスティック・モデルよりも多層レベルの分析（embedded）モデルを選択することにした（Yin,1994）。それに加えて、治療過程で筆者が自覚した問題点、疑問点については現象学的発見的研究（phenomenological heuristic）のアプローチを採用した（Moustakas,1994）。

2 方法

　この研究は通常の子どもたちの受ける治療ならびにその評価の一環として実施されており、研究のみを目的とした単独で、別個の研究課題として施行されていないことを明確にしておきたい。

(1) 対象の選択

　6～11歳の児童でデイケアと特殊学級の在籍者である37名のうち、10名を無作為に選択。薬物療法を受けている者、また、複数の診断名をもっている者など、さまざまである。

(2) セラピストの選択

　研究活動の最初は、経験の少ないセラピストと筆者の2人のセラピストを用意して、結果を比較したいと考えていたが、第2～3週目頃に、前者が病休に入り、その代わりを見つけることができないため、筆者1人で受け持つことになる。10人の子どものうち、3人がやはり2～3週目に転宅などで欠けたために、残り7人の子ども全員を受け持つことになった。

⑶ 実施期間

　箱庭療法実施期間は各々の子どもにおいて3カ月間であり、毎週1回、計10〜12回の箱庭療法を実施する。1人1時間を充てて、遊びに30分、教室からの送り迎えの時間とその他の準備、整備に30分をとっている。

⑷ 指示

　まず、濡れた砂と乾いた砂、水の使用について、トレーの紹介などをする。筆者が隣同士に並んで、両手を砂に入れ、円を描くような感じで砂に触れ、それからトレーの内側をなぞっていく。この動作を真似るように促す。この始めのオリエンテーションで意図することは、筆者が子どもの内的な仕事のための空間を用意するような、瞑想的でリラックスした雰囲気をつくり、それを直接的、具体的なやり方で内的な目覚め、心の準備の手助けをすることである。SEDの子どもたちは、いわゆる「母子一体感」の経験の欠損や、幼少時に心的外傷体験などがあり、身体との関係に欠陥がありがちであるため、このような導入を工夫した。

　次に棚に分類別に並んでいる玩具の紹介をする。これを使って好きなように遊んだり、箱の中に何かを作ったりすること。それには、

　　1．玩具をわざと壊さない
　　2．わざと砂を投げない
　　3．玩具を借りたり、部屋から持ち出さない

という3つのルールがあることを伝える。遊びが終わると、遊びのお話を聴いて、記録のために写真を撮ると説明する。終わりに、この3カ月間、彼らの受け持ちのセラピストに加えて筆者が箱庭療法をするので、教室へ迎えにいくと伝える。

⑸ 記録

　子どもとコンタクトした時点からのことを記録する。プロセスの記録はできればセッション中または直後にとる。

　筆者は関与しながらの観察者でもある。子どもの語り、作品やイメージの記述、その他の遊びについても記録する。

　箱庭療法は関係性のセラピーであり、それはカルフの言葉を借りると「母子一体」的特徴をもつ。筆者はこのプロセスの関係性の側面を捉えるために治療中のセラピストの経験、すなわち臨床的印象、個人的な感想、身体的な反応、セラピーでの出来事やそれにまつわる連想や考えといった、セラピストの主観

的な経験の記述も含めて記録とする。

(6) 妥当性について

　研究の信頼度を確立するため、次の3つの方法を採用した。(1)長期の契約（治療）期間（一度のインタヴューではなく、12回）、(2)継続的な観察、そして(3)情報の収集のプロセスでは複数の情報の出所による三角測量法（triangulation）を採用（Yin,1989）。

　情報の収集は必要に応じ、日々、看護師、サイコロジスト、教師や担当のセラピストにコンタクトし、また、必要に応じ家族面接を探索的な目的で施行した。その他、カルテや種々のテストの結果も必要に応じて参考資料とした。

(7) 守秘義務について

　この研究のために新たな守秘義務の手続きを必要とするかどうかについて検討され、これが普段の治療並びにその評価の延長であるため、そのコンセント（同意）は既に得ており、改めて作る必要はないと判定された。また写真撮影も箱庭の作品に限られているため、子どもの個人の情報を含まないので、必要なしと判定された。

　事例研究のためには、子どもの名前は仮名を使い、その他の背景についても、特定されないように配慮している。

(8) セラピストの背景

　質的研究の現象的アプローチは、研究者の主観的経験をもとにしているところから、研究者の人柄や背景を明らかにしておくことが重要とされる（Fishman, 2000）（この点については、「はじめに」を参照）。

[文　献]

Fishman, D. (2000) Transcending the efficacy versus effectiveness research debate: Proposal for a new, electronic "journal of pragmatic case studies." *Prevention & Treatment*, Vol.3(1), article8. Retrieved April 13, 2003, from http://journals.apa.org/prevention.

Moustakas, C. E. (1994) *Phenomenological research methods*. Thousand Oaks: Sage Publications.

Noyes, M. (1981) Sandplay imagery: An aid to teaching reading, *Academic Therapy*, Vol.17(2), 231-237.

Reece, T. S. (1996) Sandplay process of a boy with complex partial seizures, *Archives of Sandplay Therapy*, Vol.9(2), 69-81.

Reece, T. S. (2001) Psychotherapy for children brought up in chronically abusive environment:

Effectiveness of sandplay therapy in team approach, *Archives of Japanese Sandplay Therapy*, Vol.13(2), 3-16.

Rubin, S. I. & Keller, W. (1997) Research and Jungian psychotherapy: Outcome studies (Part III). In M. A. Mattoon (ed.) *Zürich 95: Open questions in analytical psychology*. Einsiedeln, Switzerland: Daimon Verlag, 645-648.

Yin, R. K. (1989) *Case study research: Design and methods*. Beverly Hills, CA: Sage Publications.

Yin, R. K. (1994) *Case study research: Design and methods* (2nd ed., Vol.5). Thousand Oaks: Sage Publications.

第Ⅱ章
事例
7人の子どもたちの箱庭療法の経験

事例A クリス
家族と社会のタブーを覆す物語

　クリスは、11歳のメキシコ系アメリカ人である。
　「どんなことが問題で悩んでいるの？」と尋ねると、「みんなが、嫌がらせするんだ」と言う。学校での問題は、クリスがあまり乱暴で、人が傍へ寄ると殴る蹴るなど喧嘩が絶えない。誰も傍に寄り付かないばかりか、体育の時間でも、皆と一緒に遊んだり活動したりすることができないので、ベンチに座っている。もちろん勉強もまったく関心がないといい、特殊学級に過去数年間通っている。それに加えて、小児精神科病院に4回入院している。抗精神病薬を服用しているが、それでもこの状態なので、効果がみられないと報告されている。

【個人および家族歴】 母38歳、義父（二人目）39歳、妹3人と弟1人の7人家族の暮らしで、一人目の義父を4歳時に亡くしている。そして、実父とは1歳時に死別していることが後で分かったが、これは家族の秘密になっていた。
　クリスは体型がずっしりがっちりしていて、体重76.5kg。体当たりされたら大人でも堪らない体つきである。

【問題行動および病歴】 昨年の暮れに強制保護入院で5回目の入院をしている。理由は、暴力をふるう、また頭を壁にぶつけたり、「自殺する」と言ったり、極度の自傷行為があるため。メラリル（抗精神病薬）50mgを1日3回服薬して、問題行動は徐々に緩和された。病棟では、褒美や励ましによく応じていた。家庭の事情として、その頃に、麻薬所持で母親が服役している。診断名としては、さしあたってはうつ状態を伴うPTSD、それと行動障害がある。

　初回に教室へ迎えに行った折、大変な抵抗があったので、まず、教室での応

答やクリスの言動も記録の一部としてとって、それから、遊戯室(プレイルーム)での活動を記述することにした。以下はその逐語記録である。(「　」クリス、〈　〉筆者とする)。

1 箱庭療法の経験記録

#1　3月6日　教室へ迎えに行くと、クリスは机から離れたがらないし、ひどくぎこちなく、身体を背けて一緒に来ることを拒否している。しかし、担任のサポートで、やっと動く。ちょっと、珍しいくらいの頑固さで、筆者は手強い相手だぞと思う。プレイルームに来ると、いままでの緊張がとれて「入院していたときに（箱庭をしに）来たことがある」と言う。筆者は（以後、Th）、砂と箱に馴染ませるために、デモンストレーションをする。

〈目をつぶってね、それから、砂に触ってちょうだい。そして、この箱の内側をこうして触って、この箱のスペースがどのくらい大きいかを覚えてほしいの。というのはね、このスペースであなたが好きなように遊んでいいからよ〉と言って真似してもらう。ここでは、まったく抵抗をせず、楽しそうに砂に触っている。遊びに無理なくとりかかる。

クリスはこの遊びを「続ジュラシック・パーク」と名づけたので、劇として見てみることにしよう。

第1幕　家を3軒と大きな木を、箱の真ん中に配置する。木は相当の時間をかけて枝葉をつけて仕上げる。Thは彼が注意を集中できることを知る。そこへ双頭の赤い恐竜が来て暴れ、人間を頭から喰っている。クリスの劇的な音響効果も入る。そして、次にはキングコングが来て、これらが戦う。そのために町は破壊され、人間はその建物や木の下敷きになって殺される（**写真A-1**）。

Thが〈どうして、こんなに暴れているんだろうね？〉と尋ねる。すると、ちょっと町を模様替えしてから、第2幕となる。

キングコングは片付けられている。そして話しながら、活劇に入る。

第2幕　「恐竜レックスには赤ちゃんがいるんだ」。赤ちゃんは右手の隅に一人でいる。戦車の大砲の筒先がそれに向けられているのに、Thは気づく。「人間がその子を殺すんだよ。レックスは怒って、それで暴れて、家々を壊すんだ。人々は下敷きになって死ぬ（**写真A-2**）。

A-1

A-2

　そこへ、恐竜三角獣トップスがやって来て、町の人はそれに助けを求める。『どうかわれわれの味方になってください。助けてください』って言うんだ。レックスとトップスが戦って、レックスは負かされて死ぬんだ」。「人間はレックスの赤ちゃんを虜にしていて、レックスが取り戻しに来たら、その子を殺したんだ」とさらに説明を繰り返す。
　「タイトルは、続ジュラシックパーク」。上機嫌で「来週も来るよ」と言う。

印象　　感心させられたのは、クリスの粘り強さで、ひどく敵対的な気分でいるときであるにもかかわらず、木の枝や葉を付けるのに、じっくりできるまでやったことである。クリスの情動は、教室で見られたぐずぐず、プリプリした不機嫌さから、活き活きと積極的に取り組む姿勢に変化していた。楽しかったので来週も来たいと言う。

　Thは、クリスの2幕目の物語が、1幕目の単純な破壊的状況と比べて心的状況をうまく説明しているのに感心させられた。彼の攻撃的な日常生活の行動が、実はこのような喪失、それも非常に幼い頃の母子関係または親密な関係性の喪失が起因らしく、彼の暴力的な死にものぐるいの外界との対応は、原初のパニックとうつ状態に根差していることがこの物語で明るみに出たように思われた。この所見は、担当の精神科医の診断と投薬に当たって必要なデータとなっている。

#2　3月16日

教室でクリスは今日もまた、顔を背けて「行きたくないよ、箱庭へは行くつもりはないよ」と言う。〈いいよ、いいよ。いま、気が向かないんだったら、また後で来るからね〉と言って去る。

　午後に迎えに行くと、憂うつな気分で気乗りがしないのか、席を離れようとしない。でも、担任に促されてやっと立ちあがる。

　プレイルームまで来ると、クリスは教室での不機嫌をすっかり忘れたかのようである。

　まず、橋を取りあげて、中央にひっくり返して置く。そして、もっと橋がないか捜す。3つの橋を上手く重ねてシーソーを作る。そこで小さいゴリラを左側の端に立てて、他の片方に4〜5匹の羊をのせる。ゴリラが飛び上がると、羊が宙に舞い上がり、それを1つずつ飛ばして遊ぶ。嬉しそうで得意気である。見るからに楽しそう。

　それから、クレーンを箱の中央近くに置く。建築中であるような家を持ってきて、クレーンで釣り上げてトラクターの上にのせるので、〈移転させるの？〉と尋ねると、「これはガラクタだから、除けるんだ」と言う（写真A-3）。先週のクリーンアップをしているところ。

　〈なるほど〉と思う。クリスは椅子に腰をおろして、重苦しく口で息をする。Thは彼の健康について質問をした。すると、「なんだか、つまらないだけ」と言う。

　〈そうだね。クリスの面白くないのが私にも伝わってくるよ。重い重い感じ〉

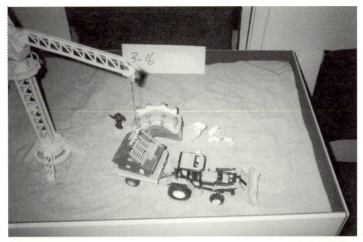

A-3

A-4

と伝える。すると、ちょっとThを見て彼は立ち上がる。
　怪物のあるところを見ている。それらを濡れた砂に入れて、床に膝をつき、怪物を箱に入れて戦わせる。濡れた砂を寄せて、そこへサメが水面に上がってきた形を作る（**写真A-4**）。
　そして、「もう、教室に帰っていい？」と言う。〈あと5分時間があるけど、行きたいんだったら、行ってもいいよ〉と言う。彼はそこでまだ砂をいじってしばらく遊ぶ。〈早く、気分がよくなるといいね〉と言って、教室まで送って行く。

事例A　クリス　家族と社会のタブーを覆す物語　　027

印象　いったん遊びが途切れたが、次へ移行するときの瞬間が興味深い。Thの簡単な共感的な対応がクリスを方向転換させたようで、再び、活動開始になった。

　先週プレイルームで楽しんで、「また来たい」と言ったにもかかわらず、今日も同じように立ち上がるまでに相当の抵抗があった。「ここ」から「そこ」へ移動することがむずかしい。この行動は、子どもでも大人でもトラウマの既往のある人がとる特徴的なものである。こちらもそのつもりで、朝に声をかけて、また、午後にもう一度立ち寄ることにしようと思う。

#3　3月23日　教室へ迎えに行くと、クリスは今朝は箱庭に行きたくないと言う。「だって、いまは遊び時間だから」。でも、遊び時間はちょうど終わるところだったので、クリスは、すぐに上機嫌で箱庭に来ることになる。今朝は、理由があるところが、いままでと違うので微笑ましい。

　プレイルームでは、早速遊びに入る。まず、ワニ、サメ，亀、水蛇を箱に入れて、それを埋める。「こいつらは、危ない(deadly)んだぞ」とThに知らせる。そして、マサイの戦士たちがその場に来合わせると、隠れている動物たちにやられて殺される。2人のマサイ戦士がそれに気づき戻ってきて、ワニと蛇を殺す。死者は埋もれている。

　次に、クリスの目に止まったものは大きい馬2頭で、それが大変気に入り、それで遊ぶ。1頭は頭を壊して死ぬ。もう1頭がやって来てその死んだ身体を蹴飛ばす(**写真A-5**)。

　それから、空を飛ぶ。〈空を飛ぶ馬(ペガサス)がいるよ〉と言って、紹介する。彼は、その2頭を一緒に飛ばせる。

　そして、その辺を見渡して、ビー玉を見つける、「ビー玉で遊ぼう、見ていて」と言って、濡れた砂の箱の所に行き、そこに赤い容れ物を埋め込んで(ゴルフのように)それを的にする。ビー玉をばらまいて、すごく器用にその的に入れる。手早く、そして説明も口早に筆者にやってみせ、筆者にもそれをするように促す。筆者もやってみるが、もたもたしていて不成功(**写真A-6**)。

　クリスはそれから、棚の玩具を見ながら、この玩具を何処で手に入れたのかと尋ねる。二人で座ってしばらく話す。クリスは昨日、彼のバイクが盗まれたことを話す。

A-5

A-6

「僕は、新しいバイクを得意で見せつけていたので、奴らはそれを見たんだ。それで、バイクの車輪を盗んだ」と、このことについてしばらく話す。彼は、見せびらかして、友だちに羨ましい思いをさせたことがこの結果を招いたことを反省している。「もう、クラスに戻ってもいいですか？」と言って、すっかり気分はよくなっていた。

印象　　今日は、彼の聴力が疑われたので、担任に調べてもらいたいと伝えた。
　　クリスの話は死、危険にまつわる筋になっているにもかかわらず、遊びにゲームが必ず組み込まれており、彼の長所、自信のある部分が見えて、Thはほっとさせられる。それに次いで彼の自己開示があり、クリスがきちんと話のできる子どもであることを知った。
　　後日、これを記述しながら、ふっと、彼の「盗まれた」のテーマを直感的に考え直してみた。もしかするとThの玩具を見ながら、彼は羨ましく思ったのかも知れない、《盗むこと》を思わせたのかも知れないと反省する。

＃4　3月30日　　担任がクリスに箱庭の時間だと告げると、「行きたくない」と言う。〈どうして？〉と聞くと、ちょうどやりたいことがあると言う。担任は『クリス、お前はそこに座って何もしていないんだから、ここにいなくても、何もやり逃すことも、損することもないんだぞ。行け、行け』と言ってThにバトンタッチしてくれた。それで、やっと席を立つ。クリスの右耳が難聴であることが判明して、左側からの話しかけをすること、少し声高に話すことにする。

　プレイルームではクリスはうだうだせずに、さっそく活動に入る。
　まず、キングコングと小さいゴリラが登場する。中世の城を左上の隅に置き、彼らがそこに登りついている。（実はここが彼らの棲まいであった。）クリスは「人が要るんだ」と言いつつ、騎士を数人城の中に入れる。すると、キングコングが来て騎士と王様と戦う（写真A-7）。
　戦いの途中で王様は砂に身体を埋めて（隠れ）、顔だけ出している。城はキングコングがひっくり返して破壊する。他の騎士たちは小ゴリラと戦って、ゴリラを殺す。そして、クリスは王様を砂から引き出して、「ここでは彼だけがたった1人の生存者だ」と言う。〈そうすると、彼は英雄かな？〉と尋ねると、「もう、教室に帰っていい？」と言う。
　〈クリス、もう、遊びは終わったの？　見てごらん、この王様を。彼は英雄だけど、たった1人で寂しいんじゃないかな？　この王様をここに独りぼっちにしておくの？　もう少し、話の続きが欲しいな。王様はもしかしたら住むところが要るかも知れないよ。もう1つ城があるけどね〉と促す。クリスはその城を持ってくる。そして、その城もひっくり返す。「キングコングは、元々こ

A-7

A-8

こに住んでいたんだ。だけど、みんながキングコングに変身させてしまったんだ」〈じゃあ、このキングコングは元は人間だったの？〉「そのとおり」。
　〈誰か、彼が元の人間に戻るように助けてあげないと〉〈キングコングは不幸せだね。もしかすると、悲しんでいるかも知れないね。怒っているかも知れないい〉。彼は、聞き流す。

事例Ⓐ　クリス　家族と社会のタブーを覆す物語

クリスは濡れた砂の箱に行く。手の中にビー玉を握っている。それから、丁寧に、山を作る、水を少し足してはまた、形を整えていく。表面をスムーズにして、天辺(てっぺん)に穴を開けて、それから横面からも中心に向けて穴を開ける。彼はこの天辺の穴から、横穴のトンネルにビー玉をころがそうという計画を立てて、まず、水をそこに流し込んでみて、ビー玉を通そうと試みる。でも、思うようにいかない。何度も何度も試みるが成功しない。クリスは丁寧にビー玉を山の底から拾い出して、水の中に入れ、泥をきれいに落とし自分の手も洗って終わる（**写真A-8**）。
　「もう、教室に帰っていい？」と尋ねる。

印象　　この回でのやり取りで、Thの側に誤解があったことが分かった。キングコングが元々の城主だったことが分かり、Thは自分が混乱していることに気づく。彼の強調している「元は人間だったキングコング」のテーマが、そこで新しく導入された。人間がやって来て城を乗っ取り、キングコングは殺されて、人間の王様が土の中の隠れ家から現れる。もしかしたら、死と再生の過程で、王様はキングコングの変容、人間化であるのかも知れないという気がする。そして、Thがこのあたりで、彼の感情に訴えようとする対応をしている。
　Thはこの砂山のトンネル遊びを見て、まったくの沈黙のなかで〈面白いことを始めたぞ〉と思っている。この遊びは創造主の仕事、王様が隠れていた方向、地下への、深層の中核への探索であろうか。

#5　4月6日　　Thが迎えに行くと、クリスは箱庭に来たがらなかった。体育館にいて、ぐだぐだしている。〈クリス、今日一日中私は待っていたんだよ〉と言うと、担任の先生が体育館からプレイルームまでクリスをエスコートしてくれた。
　プレイルームでクリスは、先週出来てきた箱庭の写真を、担任の先生に見せようと言う。先生はそれを見て、クリスの今までの仕事に驚き、また感心して喜んでくれる。それで、クリスの機嫌はすっかり良くなる。
　「今日は、汽車でやるぞ」と、線路(レール)をつなげたり駅の場所を作ったりする。レールはきっちりとつなげることはできないが、クリスはそれに煩わされることなく、一応円形に並べる。そして、汽車をレールの上に置いて走らせる。時

計と反対方向にブルーン、ブルーンと数回まわる。小さい人間を探して、「汽車に乗せるんだ」と言って、それらを車両の中に入れる。アフリカの戦士たちがその辺りにいる。街灯も駅の両脇に立てる。

突然「竜巻だ！」と言って、駅も街灯もアフリカ人もひっくり返る。

それから、急いで棚のところに行って、赤ちゃんを抱っこしている女の人と男の人を箱の右の手前の隅、線路の外に置いて、「この人たちだけが生き残ったんだ」、そして「タイトルは、ギャップトレイン」と言う。《線路がつながっていない》または、《脱線》のことだろうか（写真A-9）。

A-9
口絵参照

〈クリス、10分残り時間があるよ。もう少し遊ぶ？〉と聞くと、クジラとサメ（ジョーズ）を持ってくる。飛行機とヘリコプターが彼らに攻撃されて、墜落している。〈どうして、飛行機が墜落しているの？〉と尋ねると、「それは、このジョーズが出てきているからだよ」。当然だろうという感じの返事が返ってくる（写真A-10）。

これを作っている最中に、小石を見つけ、手に握り込んでいる。作り終わってから「これ、貰っていい？」と聞いてきたので、〈いいよ、瑪瑙っていう石だよ〉と答えると、クリスは嬉しそうにしている。〈普段はこの部屋の玩具なんかはあげないんだけどね、この石はあげてもいいよ〉と気持ちよく石を渡す。

事例A　クリス　家族と社会のタブーを覆す物語　　033

A-10

印象　この竜巻によって、それまでの秩序が一瞬にして破壊された。そして、突如として「生存者」、母に抱かれた子どもと父親らしき男性の3人が現れた。これには、Thは深く感激した。それは、失われた「原家族」のイメージが突然に崩壊の中から立ち現れたからである。崩壊のエネルギーをきっかけにして、現れ得たと言えるだろう。このとき、初回に恐竜レックスが子どもを失って狂乱し、町の崩壊に至るテーマを想起した。この石については、彼のアタッチメントを象徴するものとして、また、手触りのすべすべした感覚的に優しいものなので、あげることにした。

#6　4月13日　教室へ行くと、1回目は体育の時間だったので、クリスは「箱庭には行きたくない」と告げる。2回目は案外すんなりと来る。ナースから、実は彼はこのごろ体育の授業に参加していると報告がくる。昨日、欠席していたので、今日、会えて嬉しいと言うと、「昨日はバスに乗り遅れたんだ」と言う。

プレイルームでは、まず、「ビー玉をしたい？」〈ああ、いいよ〉ということで、クリスは箱の砂を丁寧に平らにし、丘を右の上部と中央に作って、メロンで窪みを作る。〈ゲームのルールを教えてちょうだい〉と言うと、クリスはテ

キパキとやり方を説明してくれる。彼が３回勝つ。大変上手で、そして公平である。写真を撮る（写真A-11）。

A-11

それから、Thは先回の箱庭について感想を述べた。〈嵐、竜巻の後、母、父と子どもの３人の生存者。あの人たちは何処からやって来たんだろうって、びっくりしたよ。それから、石を見つけたよね〉「ああ、持ってるよ」と言う。そして、彼は腰掛ける。そこで私は彼に、彼の持つ問題を尋ねる。「すぐに、爆発する、そして怒る」と言う。〈それなら、ここで遊んで、それを表現するといいよ。怒りは純粋なエネルギーだからね。クリスはそのエネルギーがたくさんあるっていうことよ。だから、これを有効に使えればいいんだよね〉。

クリスはぴったりと私の目を見て私の話に集中していた。ここで、彼の家族について、尋ねてみる。クリスの実父は、彼が１歳のときに死んだそうだ。彼の義父は４歳のときに敵に殺されたと話してくれる。〈あなたのお父さんは何で亡くなったの？〉クリスは無言で頭を机に垂れ、顔を伏せた。Thはこれを見て、これは重大なところに触れたらしいと感じた。彼は悲しい、恥ずかしいといった感情に溢れている。〈あなたが話せると思ったら、話せばいいから。いま話さなくてもいいんだよ〉と言って、Thは〈大人でも、秘密を心に抱えていると、すごく重荷なの。秘密を持って生きるということは、その人の命を

事例Ⓐ　クリス　家族と社会のタブーを覆す物語　　035

縮めることにもなるんだよ。お父さんのことをお母さんと話すことはあるの？〉「ううん」〈そうすると、クリスが心の中にしまっておくのかな？〉彼は黙って頷いた。〈この話はここで、私とクリスの二人の話で終わりだからね。あなたがそんなに幼いときにお父さんを失ったっていうのを知らなかった。いまは、この間の「ギャップトレイン」の話が分かるような気がするよ。お父さん、お母さんと赤ちゃんが生存者だった。この悲しい過去のお話を聞かせてくれてありがとう〉。

「パパは、……で死んだ」と真実を語る。〈すると、お父さんは、きっと失敗したんだね。あのギャップトレインのギャップが汽車を脱線させ、竜巻を起こしたきっかけだけれど、もしかしたら、お父さんが死んだこと、その脱線があなたを怒らせるんだろうか？〉クリスは熱心に私の話を聴いている。そして、机の上の写真を見て話題を変える。「僕がこんなにたくさん作ったの？　うわあ、すごいなあ。これを先生に見せてもいい？」〈いいよ。先生はクリスと一緒にこの写真を先週見たよね。あなたの仕事を見て、とても感心していたよ。覚えてる？〉しばらく話した後、「教室に戻っていいですか？」と言う。

| 印象 | 今回、まったく思いがけない大事な話が出てきて、そしていい対話ができた感じが残って、嬉しく思った。元型的（archetypal）な家族（父、母と子）のイメージを基にして個人の家族の話が自然の流れとして出てきたので、うまく運んだのかも知れない。 |

#7　4月26日

教室へ迎えに行くと、クリスは今朝は何の抵抗もなく箱庭に応じる。プレイルームでは、神妙である。

クリスは椅子に座って「注意を集中しようと思って」と言う。そして、棚のほうをThの肩ごしにちらっと眺める。〈まず、砂に触ってごらん。集中する助けになるよ〉。

「橋が要るんだ」〈いろいろあるよ〉「もっと、大きいのが要るんだ。これじゃあ足りない」〈濡れた砂に自分で作ってみたら？〉「うん」と言って、高速道路の陸橋のための土手を作り始める。「車が要る」〈どれを使ってもいいよ〉。

クリスは立ち上がって、赤、黄、青の車を持ち、救急車を持ってくる。それから人を見つける。〈このレールを長い橋のつもりで使ってはどうかしら？〉とThも思いを巡らせている。クリスはその橋に3人の男を立たせる。その橋の

下を車が通る。そのうちの1人が、『飛び下りるな！　やめろ！』と他の2人が叫ぶのを振り切って、車の流れる高速道路に飛び下りる。車が来て、男は跳ねられる。クリスはその男を濡れた砂に埋める。ところが、その男の片腕が土をかぶらずに外に突き出している。クリスはその腕を引っ張って、その男を引き上げ「おお、生きているぞ」と叫ぶ。Thもその手に気づいたので、呼吸が合った感じであった（写真A-12）。

A-12

〈なんて、悲しいの〉とThは自殺をはかった男のことを話す。この前は、彼の父の死について話していたので、クリスが時には父親のことを考えるかと尋ねる。「うん」〈お父さんの写真はある？　名前は何ていうの？〉「ホアン」〈ああ、そうするとクリスはホアンJr.だね〉。彼は微笑んだ。

印象　　彼の攻撃性のなかに、自殺のテーマも含まれていたらしい。しかし、ここでは、その男は救助される。クリスは、はじめから救急車を用意しているところから、恐らくその意図があったと思われる。Thは少し離れたところで、すべてを見ている傍観者がいることに気づく。これは誰だろう？

事例Ⓐ　クリス　家族と社会のタブーを覆す物語　　037

［付記］2、3日後のある日、彼の担任に廊下で行き会う。「クリスは自殺の話を砂遊びでやったそうだね」と話しかけてきた。私は驚いて、誰から聞いたのかと尋ねると、本人から聞いたと言う。父にまつわる秘密を話すことは家族のタブーでできない。でも、自分の創作について話すことは自由である。この箱庭はクリスにとって、今まで縛られていた父にまつわる秘密の足枷から解放されるきっかけになったらしい。これは大きい出来事だと思う。しかも、クリスはこのチャンスを自然に利用している。これによって、心の負担を軽減できるのではないかと思われた。それに、クリス自身に自殺の傾向があったことから、オープンコミュニケーションによって、社会とのつながりが出来、その暗く渦巻くエネルギーが拡散される可能性が考えられる。

#8　5月8日　　クリスは担任の教師と廊下にいた。〈クリス、先週お休みで来なかったので、どうしてるかなって思ってたよ〉「いま、僕の番？」と尋ねる。担任は『今朝は、薬を取らなかったのでちょっとハイパーだけど、箱庭に行くのに、いまがちょうどいい時だよ』と言われる。クリスは元気に活き活きしている。いつものように、ぐずぐずしていない。〈じゃあ、薬を飲まないときはこんな感じなんだね。元気だね。この元気を保てればいいんだね〉。

　プレイルームで、彼は乾いた砂を滑らかにする。それから、街灯や家、1軒は建築中の家、教会（学校）を摑んで、「レールが要るよ、2本真っ直ぐなのが欲しい」と言う。

　〈真っ直ぐなのが1つと短い十字路が1つ、あとはみんな曲がっているよ〉と言うと、「その真っ直ぐなのでいい。いま、汽車が交差点に差しかかっているんだよ。シュー、シュー、シュウー！」　クリスは、ストップサインやシグナルを交差点に配置した。「さあ、車が要るね」と言って車を、汽車の通過を待っているように道路に並べる。「それから人が要るよ。子どもたちが学校へ行くところ、この教会は教会−学校にしよう。子どもたちがそこへ行くんだ」。そして、子どもたちを学校の反対側の道に並べて、列を作って順々に道を渡って学校に入って行かせる。道路標識も状況に応じて動かす。「さあ、写真を撮ってもいいよ」と言う。「僕の先生に見せたいんだ。僕はお話を創るのが好きだよ（お話を創るのが面白い）」。タイトルは「街頭によくある風景」と言って笑った。「いまは、みんな学校に入ってしまったから、道には誰もいないんだ」

（写真A-13、A-14）。彼は、上機嫌だ。

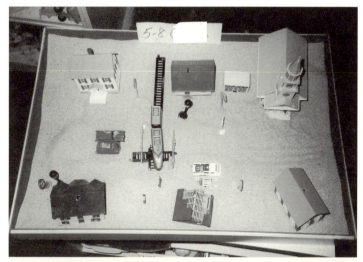

A-13

A-14
口絵参照

| 印象 | Thは、この整然とした風景の遊びが忽然として現れたことに驚かされ、心が浮き浮きする気分を感じていた。この町の風景は秩序のある生活が描かれている。汽車が町の中心の十字路に差しかかる。向こ |

事例A　クリス　家族と社会のタブーを覆す物語　　039

うから手前に動いている。これをエディンジャー(Edinger, E.)の言う「自我とセルフの軸のイメージ」*1 と考えることができる。それとこのシーンをカルフの適応の段階*2 としても見ることができる。

* 1 「自我とセルフの軸」（Ego-Self Axis）とは心の深層と意識の中心とが軸を交えることで、このつながりを持つことで自我は活性化され、自己実現への道が開かれる。この接点を失うと、人は魂の抜けたように、「自分が自分でないような」気持ちになる。
　　セルフは心の秩序であり、その調整と関わっている。ここで自我とセルフが軸で接する・共有することは、混乱から平穏へ、死から再生への変容が可能になる。
* 2 個人の自我が集団へ適応できるほど発達した段階をカルフは「適応の段階」と言い、例えば上記のような町の通常の生活が箱庭に表現される。
　　これを初回の混乱と破壊の町と比較すると、変化は著しい。先生にこれを見せるために作っていると言うことを考えると、そのような関係性、社会性、道徳といった点で、彼の自我の強化、意識の変化を見るようである。

#9　5月11日

　今朝は、クリスは私を見るなり手を上げて、私の注意を引いた。上機嫌でシャキッとした感じがする。箱庭に行くのを待っていたようだ。
　プレイルームでは、さっと椅子に座って、目を輝かせている。「さあ、今日は何をしようか？」　棚を期待に満ちた表情で見回している。
　「ああ、そうだ。わかった」と言って立ち上がり、スーパーマンとスパイダーマンを取り上げ、他にも強い男性たちを取り上げる。良い側と悪い側にグループ分けして、３Ｄのレスリングマッチをさせる。悪いほうが殺されて、クリスはそれを埋める。彼らは猛烈に活動的である。「これは、写真に撮ってはだめだよ。もう１つ写真を撮ってもいいのを作るから」と言う。〈ああ、分かった。これは、アクションで写真用ではないってことだね〉なるほどと思う。
　クリスは直ちに、家を４つと教会を取り上げる。「小さい人間はどこ？」　それから、中央にまず道路を作り、ホウキをとってきれいに掃く。「これでよし」。そして教会の前に座っている男、それから女の子を教会の裏に置く。もう１人の男もいる。手前に建築中の家がある。向い側にも１人、人が門前に出ている。
　「お話は、この女の子は道に迷って、教会の後ろで寝たんだよ。そこへ男がやって来て、この子を見つけて殺したんだ。血はある？」〈ないけど、でも、

紙に絵の具で塗って作ればどう？〉　クリスは建築中の家に、以前、自殺未遂の男として使った人形を、そこで働いているふうに配した。そして、家の四方に柵をめぐらせる。教会の石段に男が座って、たばこをふかしている（例の傍観者）。そこへ兵隊が入ってきて、町に待機し、やがて殺人犯を銃で撃ち殺す。

　「血が要るよ」と言うので、私は引き出しにあったチョコレートの包み紙を見つけて、その赤い銀紙をクリスに渡す。「おう」と言って喜んで、それを男と女の子の傍に血が流れているふうにあしらう（写真A-15、A-16）。

A-15

A-16

事例A　クリス　家族と社会のタブーを覆す物語

彼は腰掛けて、「お話を創るのが楽しい。次には、パート２を作るよ」と言う。〈ええ、スチュワート先生（サイコロジスト）は、あなたは賢い子だって言っていたよ〉。机の上の記録用紙を見て、「『クリス』、これは僕のことだ」〈そうよ。今日はクリスの息苦しい音を聞かなかったって書いたのよ〉。「僕は体重が減ってきている、弱くなってきているんだ。前はもっと強かった。だけど、いまそうじゃない」〈体重はどれくらいあるの？〉「76.5キロ」〈76.5キロ！　あらまあ〉と感嘆の声を思わず発してしまった。クリスは体重が減ることを、弱くなることだと解釈している。

　今日は、やり取りがとてもスムーズで、彼はそれを楽しんでいる。「これを、貰ってもいい？」と小さな街灯を見せる。〈ダメよ〉「ポルケ？」とスペイン語で尋ねる。〈ポルケってどういう意味？〉「なぜ？」　私は説明をする。「だけど、前にはくれたでしょう！」と言う。〈そのとおり。あの瑪瑙は私のモノだったから〉と言ったが、あのギフトはやはり困惑の原因になったなと後悔する。しかし、あのときの石は、アタッチメントに意味があると思われたのだ。「街灯」というのは、何だろう？

| 印象 | 今日は、彼の苦しそうな息づかいを聞かない。 |

　まず、善玉悪玉の戦いをレスリングでやる。これは《アクション》（活動）で、写真に撮らない遊びだとクリスは意識していて、次には、写真に撮れる遊びを作るというのは、《劇》であると意識しているということで、おもしろい。今日の遊びは、やはり彼のトラウマに関係しているようだ。クリスが４歳のとき、義父は敵との争いで殺されたという話であった。殺す者、殺される者、その両面が描かれている。「血」をそこに持ち出したのは、劇的である。もしかしたら、クリスは現場に居合わせたのかも知れない。
　この遊びの場は町中で、通りの行き止まりに教会があり、そこで殺人事件が起こっている。Thは、道に迷った子どもも殺人を犯す者も、ここではともにキリスト教の神に守られていないかのような印象を受けた。その後、有意義な対話がある。クリスは箱庭を通じてお話を創ることの楽しさを発見していること、自分の評価についても語っている。そしてThから欲しいものを得ようと交渉しているのも、いい感じである。

#10　5月18日　教室に行くと、クリスはにっこり笑ってすぐに立ち上がった。〈昨日は、姿が見えなかったけれど、どうしたの？〉「来れなかったんだ」〈どうして？　休学処分？〉「昨日は校外学習だったから、行かないことにしていた」と言う（おそらく、お金の問題だろうと思う）。〈いないから、どうしてるかなって思っていたよ〉。

プレイルームでは、「今日は、何をするか、ぜんぜんアイデアがないよ」。〈手を砂に入れると、インスピレーションがわくよ〉と言いつつ、二人でいままでやった写真を見る。〈怪物やら、竜巻、恐いことやら、事故、それから街の風景。いろいろやったね〉。

彼は、棚をゆっくりと眺めている。〈野獣とか植物、水の動物とかあるよね〉。「それじゃあ、池を作ろう」と言う。〈池？〉　Thはそのテーマのシフトにハッとする（**写真A-17**）。

A-17

スチームローラーで砂の表面をスムーズにする。それからローラーで壁に数回スピンする。「これはしないほうがいいな」と肩をすぼめる。そして、砂の上でそれをズズズズッと言わせる。

青い皿を左上の隅に置き、そこに水を入れる。そして、その縁を砂で自然に見えるようにかぶせる。それに大きい蛙と小さい蛙を入れ、中央にもう１つ皿

を置いてそこに数匹の子蛙を入れる。「蛙の卵ある？」と言う。Thは辺りを物色して、それらしきものを見つけようとする。「いいよ。ビー玉を使おう」と言って、左隅のボス蛙の皿にビー玉を入れ、そして、小さい蛙を中央辺りに遊ばせる。そして、「小さい蛙がボス蛙の皿から卵を盗んでそれを隠す（埋める）。そこへ、もう1匹の蛙が飛び跳ねているが、何かが足に触れる。何か砂の中にあると思ってそれを掘り返す。『なんだろうこれは？ ああ、卵だ』と言って、この蛙がそれを掘り起こして、ボス蛙の池に戻す」と、クリスはこのお話を語る。

　そして、クリスは腰掛ける。「これ（dream catcher；夢の捕獲ネット）、きれいだね。気に入った」。それを手に取って遊んでいる。〈それを箱庭に使っていいよ〉と言うと「ううん。これは箱庭に使うのには良すぎるよ。でも、僕は、悪夢をたくさん見るんだ」と言うので、〈恐い夢？〉と聞くと、「それより、もっとひどいやつ」〈殺されたりする？〉答えなし。

　突然に「子どもいるの？」と聞く。〈ええ、いるわよ〉「女の子、男の子？」〈男の子だよ〉。メランコリックなムードであるが、静かにじっくりと話し、アイコンタクトもいい。

印象　　クリスのまったく趣向の違った動物物語が生まれて、Thは感激している。特に、自然の中の出来事であるので、それを嬉しく思っている。池は丸く水をなみなみと湛えている。そこに両棲動物の蛙が出てきて、ここに「卵泥棒」という問題が持ち上がる。親蛙はそれに気づいていない様子である。その「卵」を盗んで隠す者と、何かの存在を感じて、今度は「足探り」で「卵」を見つける者が登場する。そして、卵は元に戻されて一件落着。

　　クリスの文化圏では、この蛙はどんな意味があるのだろうとThは興味深く思う。この場の構図を見ると、自然と言っても植物はその背景にない。丸い池の周辺で、この事件のやり取りが起こり、蛙の世界の蛙同士のやり取りが中心であり、その中心だけが描かれている。

　　今日は、いろいろな話が持ち上がっている。Thの個人的なことについての質問は珍しいが、Thはそのまま返答をした。それから「盗み」の話は以前クリスの会話にあった「羨ましい」思いにつながっているようだ。彼は美しい夢の捕獲ネットに魅せられる。そして悪夢を見る話に発展する。クリスにとって、この「悪夢の捕獲ネット」は必要な

ものだということを彼が言わんとしているのだと、やっと思い当たっている。

#11　5月31日　クリスは散髪をしてスキッとしている。ところが「おかしい格好で嫌だ」と不機嫌である。彼は医者から、すぐに扁桃腺を取るように言われたということで、ちょっと不安気である。気分がすぐれないのかまったく元気がない。プレイルームに入るなり「疲れていて、遊べない」と言って腰を下ろす。そして、新しい玩具を見るが、遊ぶ元気がない。それから、立ち上がって的当て（ダーツゲーム）をちょっとする。（彼が左利きであることを知る。）彼は腰を下ろして、まったく元気がないので、Thは憂うつでいる様子を見て、気の毒に思う。それから彼は「僕はメラリルを50mg、1日に3回とっているんだ」と言う。〈あなたの医者に話してあげようか？〉と言うと、黙っている。「今日は遊べない」と言うが説明はない。それで私がしばらく話をリードする。この後もう1人、同じクラスのルネが、やはりいつもと行動が違っていることに気づいたので調べてみると、担任が休みで臨時雇いの新顔の先生が来ていることが分かる。おそらく、クリスはアタッチメントの対象が失われ、新しい対象と即座につながることが困難で、それがこれほどまでに生活に影響しているらしく、考えさせられた。彼が教室からプレイルームに移動することに、あれほどの抵抗があったのは、この現象と密接に関係しているのかも知れない。当初は、クリスにとって、Thは新顔の先生であった。

#12　6月7日　教室へ誘いに行くと、クリスは今日は上機嫌である。筆者の心配がこれで吹き飛んだ。彼は先週、本当に苦しそうだったから。彼は写真が出来たかどうか尋ねた。〈アルバムを作ろうと思うから、意見を聞かせてね〉と言う。

　プレイルームに入ると、まず的当て遊びをする。

　Thが日本語の絵日記のノートを見せる。クリスは目を輝かして、彼の名前を日本字で書いてと興味を示す。それから、アルバムに入れる写真を選ぶ。〈見て、この男の人。建設中の家で仕事をしている人は、フリーウェイに飛び下り自殺をして、死んで生き返った男と同じ人だね〉と写真を指差して言うと、「ああ、そうだね。知ってるよ」と言い、微笑みながら、私の目をしっかり見て頷く。私はクリスに、日本の昔話に自殺をした男がいて、その妻が彼の亡骸を自分の

家の床下に葬って、そのスピリットに家を護るように頼む話をする。クリスに護り神（Guardian spirit）を知っているかと尋ねると「僕は、『ガーディアン』という映画をみたよ。その映画では、赤ちゃんが木の下に捨てられていて、その木の精が赤ちゃんを包んで、護っているんだ」〈木の精が赤ちゃんを育てるの？ うわあ、面白いお話だね〉。そして、最後の写真のボス蛙を指して〈これはいい写真だね。その木の精のように、あなたのお父さんがガーディアンになって、あなたが大きくなるのを見守っていてくれるといいね〉と話す。

　それから、クリスは遊びに移る。「もう1つ、蛙の話を創ろう。同じだけど、ちょっと違う。卵、それから、池と液体を入れる容れ物が要るね」　Thに、ブルーの皿を池にするから取ってくれるように言う。そこでボス蛙を皿に入れて、水を入れる。小さい蛙も4匹入れる。（卵が孵ったのか？）クリスは、動作を交えながら語る。

　「あのね。どうしたわけかこの液体（ビー玉）がこの辺にあって、それ（右上の小さい容れ物）がこぼれるんだ。そして、学校があって（右手前の隅に建物を置きながら）、ここへ、子どもたちが行くんだ（4〜5人の子どもを並べる）。

　この子はランチを食べているの。そのマスタードがその液体、毒なんだけれど、それがランチに入っていて、それを食べてこの子は半分人間で半分蛙になる。他の子どもたちはその子が半分蛙であると分かっている。そして、子どもたちは蛙の卵のある成分が、この半分蛙である部分を元の人間に戻すというこ

A-18

とを知る。学校の前には（王様と原人や）数人の子どもが学校のほうを向いて立っている。「この子がランチを食べているんだ」それでこの子は半分蛙で半分人間になる。この子たちは普通の人間のように見えるけれど、誰もが、ある子どもは半々であることを知っている。

そして、子どもたちが蛙の卵が薬になることを発見して、みんなで池に出かけていくところ。（ボス蛙のいる池の周りに子どもたち4人を移動させる。）「僕たちに卵をください」と頼む。

クリスは時間一杯で終わるがとても満足そうである（**写真A-18**）。

印象　　思いがけない展開にThは嬉しく思う。まったく信じられないほど、明確に救済のテーマが出てきて終わりになる。Thはクリスが特殊学級の生徒というレッテルを貼られていることについて考える。それが、半分人間で半分蛙のアイデンティティという意味であろうか。それは普通児童と比較して、一般に偏見の対象になりがちであるし、自分でも恐らく恥ずかしい思いをしたり、自己評価を低くしたりする要素であろうと考えられる

2 クリスの経験の変化

クリスの箱庭の経験を記述してきた。次に、その中でクリスの経験が顕著に変化した様子に気づいた。ここでは、さらにそれを系列的分析として、イメージで捉える試みをし、検討してみることにする。

1 町のイメージと情動の変容

初めから終わりまでの町の状態を比較しながら、クリスの情動の変容を検討しようと思う。

#1で、大木や家並みのある町があり、それが舞台になっている。そこが戦いの場になり、町は全壊し、死傷者が出て町人は助けを求めている。それの続きとしては、#2で公園の一部で遊び場が中心にあり、壊れた家を取り除く作業が前面で行なわれている。

#4では城が舞台になる。そこで戦いがあり城は破壊され、王1人が生存者

となりあとは戦死。そして山とトンネルへとテーマが移る。

＃5では、汽車の駅と円状の線路が舞台になる。そこで竜巻と同時に汽車の脱線事故があり、現場はめちゃくちゃで、死者を出し、唯一の生存者として１家族が浮かび上がる。

＃7は、町の中心で高速道路の歩道橋が舞台になり、そこで自殺／救助のドラマが繰り広げられる。イメージは、泥んこの現場で、自殺者の救助が成功する。

＃8は、十字路のある町の中心が舞台で、左右に車が行き来し、中央に上部から汽車が十字路に差しかかるところ。信号機や道路標識などがあり、交通が規則正しく動いている。町には家々が立ち並び、学校に登校する子どもたちが横断歩道を渡っていく。

＃9では、教会のある町で両側に家々が立ち並んでいる。そこで殺人事件が起こり、犯人が射殺される。しかし、町は破壊されていない。前面に建築中の家がある。

＃10では、池が舞台になっている。初めて自然と動物がテーマになった。

＃12では、この池が学校のある風景に加わっている。町が自然との関係を取り戻した。破壊性はない。

［まとめ］

＃1から＃7までは、町が＃1の全壊状態から次第に部分的な破壊に止まり、＃8には整然とした町が現れる。これで心の安定または情動の調整ができていることを示しているようである。＃8では戦いの焦点が絞られ、町の破壊になっていない。戦いが絶えたのではなく、情動の調整が目的に応じてできるようになっていることを物語っていると思われる。

② **情動の制御について**

次に、心理的な感情のテーマを追ってみる。

(1) **裏切り／喪失と破壊／滅亡**

＃1　理由の分からない恐竜の戦いから始まる。町は破壊され、町の人は恐竜に喰い殺されている。何があったのか？　この残虐なまでの沙汰は何を語ろうとしているのか？　第２幕でその謎が解かれる。

話の始まりは、人間の虜になった子ども。その子どもの発する苦悩のシグナルに引き寄せられた母親恐竜レックスが、子どもを取り戻しに来たときは、すでに子どもは殺害されていた。レックスが狂気のように暴れて、町は破壊され

る。そして、レックスは町の人の味方になった三角獣に殺される。

　町は平穏か？　町と三角獣の関係は？　レックスの怨念は？　人間が恐竜（原始的な情動＝元型＝本能）にやられている心象風景。人間の不正や裏切りに端を発している。

　それから「母と子」で表される関係の喪失にある。その事実さえ、レックスの死によって再び抹殺されていくようだ。まるで能楽で語られるような、人知れぬ無惨な結末を迎えた死、放浪するたましいの癒しを求める物語をここで語っているかのようだ。

　能の語りの多くは誰かに（主に旅僧であるが）、その最後を知って貰いたいと願い、また人知れず世を去った者の浮かばれないたましいの仏教による救済をテーマとしている。能楽「実盛」や「頼政」などはその例として挙げられよう。

　筆者はこのとき、クリスとこの町の住人はともに、制御できない激しい怒りの犠牲者であると思った。この箱庭で見る彼の情動は、町全体をひっくり返すほどのものである。その原動力、彼の爆発的な怒りは、この物語によれば、原初の情動／深い心痛から発しているようだ。そして、別離の際のトラウマが引き起こすパニック。彼の日頃の問題行動は、この内なる苦悩の表現にほかならない。

(2) 怪物で表された原始的な情動

　怪物とジョーズ（サメ）で表されているイメージは、彼の原初的情動を示している。巨大で獰猛な力が強調されている。この場面には、自我に相当するイメージが欠けている。怪物の出現によって、クリスの説明通り、飛行機が墜落する。飛行機で表されていると考えられる「頭では知っている道理」は、獰猛な衝動のせいで役に立たない。情動の調整がまったく無に等しくなるのである。

(3) 竜巻で起きた汽車の脱線事故のパラドックス

　ここでは最初に、汽車の駅を中心に、円形の線路と走る汽車のイメージがあり、マンダラの形成、それもグルグル旋回する形が作られる。ケロッグの図の第一段階、2〜3歳の児童画で「私」、自画像の人の形になる以前のあの円であり、あの旋回運動である（Kellogg, 1969;1970）。カルフは「セルフのイメージ」と解釈している（Kalff, 1980）。感覚／運動が中心であるウロボリックな最初の発達段階と一致している。

＊3　図の最下段は、感覚運動（sensory motor）のレベルでの発達段階で、「母子一体」のレベルと対応する。下から上へ、初期のスクリブルから「人間」への進歩を示す。

◀ 比較的完成に近い人間像
◀ 胴に腕のついている「人間」
◀ 各種の胴をもつ「人間」
◀ 腕なし「人間」
◀ 頭頂に描き込みのない「人間」
◀ 頭頂に描き込みのある「人間」と頭に腕のついている「人間」
◀「太陽の顔」と「太陽人」
◀「太陽」
◀ アグレゲイト
◀ ダイアグラムとコンバイン
◀ スクリブル

（R・ケロッグ著『児童画の発達過程』深田尚彦訳、黎明書房、1977/1998より、一部改変）

　そこへ、竜巻という超メガ級のエネルギーが現れ、そのマンダラをもろに破壊している。竜巻は自然現象であるところから、クリスの生活環境、心と体を育む環境の全体的なムードに、このような外的な状況があったとも考えられるし、また、それゆえに内的に彼の情動制御の困難さを示しているようでもある。
　ところが結果として、この箱庭で表された脱線事故が、「原家族」をどこからか結晶のように析出する。この出現（emergence）は、筆者に深い感動とインパクトを与えた。「ああ、あの失われた親子がついに再会している」という喜びである。これが彼の内界の「オリジナルな家族像」であり、彼のアイデンティティの中核である。
　ここでは母親が乳児を両腕に捧げ持つように抱っこしている。これは母子一体を表す元型的な象徴的イメージである。ここに表された竜巻の破壊と原家族のイメージは、トラウマと癒しがこのような元型的なオーガニック（bio-neuro/psychological）な二面性をもっていることを語っているのであろうか。
　この段階の自我の脆さを裏づけるように、クリスは同じ回に「ジョーズが現れるときは、飛行機が墜落する」と言い、原始的な衝動が、知性や学習、上層の発達構造を台無しにすることを如実に描いている。

⑷ 自殺する人／救助する人

　クリスは4カ月前に、強制保護入院をしているが、そのときの記録によれば、彼は頭を壁に打ちつけたり、「死んでやる」と叫んだりしている。このときの背景には、母親の刑務所入りもある。そして、この前回の箱庭のセッションで、父親、義父の死が自然死でないことが語られ、しかも実父の死は秘密にされていることで、クリスに相当の心の負担をかけていることが判明。この場で、筆者は元型的なレベル(アーケタイパル)の関係を現在のクリスの生活に結び付けて、この時点での筆者の理解をクリスに伝えている。このThの理解は彼にとって、「なるほど」と自伝的な自己の統合のために役立ったようである。

　ここは町のど真ん中、フリーウェイの陸橋である。話の始めから救急車が用意されている。この自殺は傍の者たちが、大声で「飛び下りるな！　やめろ！」と言うのを振り切って飛び下りる劇的要素が盛られている。Thは、どうしたら助けられるかとハラハラしていると、たまたまその男の手が砂の中から突き出しているのを、クリスと同時に発見する。そして、「生きているぞ！」という運びになる。ここで、二人の暗黙のうちの安堵が共有される。ちょっと離れたところに座って、煙草をふかしながら傍観する者がいる。守護神的な父親像であろうか、またはセラピストであろうか。

⑸ 平穏で秩序のある町

　ここでは、エネルギーがしっかりと秩序正しく、約束通りに動いている。汽車も子どもたちも、普通の何処でも見かける当たり前の風景。クリスにとっては、この普通の町、何処にでもある町の風景が珍しい。このイメージは心理的な、感情の制御が可能である兆しであろうか。

⑹ 殺し、殺される者──戦いは終わった

　破壊的なエネルギーが幼い、迷い彷徨う者を殺害した。そしてその破壊的なエネルギーは、それを制御するものによって血を流して死んだ。悪者が善い者に成敗された。

　この町の風景を治療の始め頃のものと比べてみると、戦いの場である町の全体が破壊されていないことが明白になる。制御の力は的が限定され、それに向けられている。それに、この場には怪獣は登場していない。人間対人間の戦いである。その破壊的な要素がある中で、その前景、中央に建設中の家があり、働く人が存在している。

　＃1から＃9までの主な中心テーマは内的外的な戦いであり、強いものと弱

いものの対決、破壊と新生（emergence）の語りが繰り広げられた。ところが#10と#12で新たに戦いでないテーマが導入される。これは、クリスの内的な自己のアイデンティティ、セルフイメージに関わる内容だと思われる。

(7) ボス蛙の卵——アイデンティティを修正する

最終回には、学校と池とが同じ世界に存在し、町と自然との関係が結ばれた。

池の中のボス蛙は、いままでの仕事の写真を見て、その復習をした後で出てきた、まったく新しいテーマである。いったい何処から出てきたのかと写真を見ていくと、どうやらビー玉を山の中心のトンネルから転がそうと試みたのが始まりのようである。失敗に終わって、泥まみれのビー玉を水で1粒ずつ丁寧に洗った様子が印象に残っている。（Thは、その遊びの前にチャレンジしているので、この点をのちほど検討したい。）

蛙は初めての登場であるが、ここではボス＝男親が卵を守っている。こんな蛙は実在するのかと調べてみると、やはり、存在している！

南ヨーロッパの「助産婦蛙」は雌が産んだリボン状の卵を、雄が卵が孵るまで数日間下半身に巻き付けて、時々水に浸しながら乾燥を避け、孵ると適当な池に放す。オタマジャクシはそこで、その後の発達を達成するという（Richard, L.,1983）。この雄の仕事の関連で調べると、"broodingmale"というのが現れた。これは女性、妻が妊娠すると、夫が同様に妊娠から分娩まで身ごもる体勢になり、分娩時に彼は妻を背後から抱えてそのプロセスを共にするという。

クリスの亡き父親は、もしかすると、乳児とこのような関係＝母の愛おしむ眼差しや一体感をもっていたのであろうか。

フォン・フランツ（von Franz, M.L.）は昔話と救済のモチーフで「神は動物たちに秘密を教え、動物が人間にその秘密を教える」という（1972, p.69）。このボス蛙からわれわれ人間は、どんな秘密を教えられるのか。

クリスの蛙の世界には池が2つあり、1つはボスの池、もう1つは母親と子蛙の棲むところ、そして、まわりは広々としたスペースがある。ボスは卵を宝物のように守っている。

筆者は半蛙／半人間のテーマについて、いろいろと考えさせられた。

クリスの学校は、重度の情緒障害のために学習ができない子どもが通う特殊学級のみである。ここには普通学級に行くメインストリーム（本流）がなく、普通学級とは別であり、病院やデイケアが付属している。クリスのセルフイメージは、ここの半々（片子）で象徴されているであろう。恐らく同一視してい

ると思う。「見れば、人はそれと分かる」障害者のイメージである。

　蛙について、さらに新たな情報が入った。2000年5月のはじめ、ロスアンゼルス・タイムズに面白い記事が掲載された。元フィリピンの名高い服装デザイナーであったカトリックの神父はヴァチカンの要請で、涼しい僧衣を作るための布地を探していた。そして、このプロジェクトのために、再び昔の本職の道を辿り、自分の国の奥地に住んでいる原住民がその目的に適った涼しく美しい生地を織っていることを知った。そこでビジネスをすることになる。ところが神父さんにとって困ったことは、その美しい生地に蛙のデザインが織り込まれていることである。これでカトリックの司祭の儀式用の僧衣を作るとすれば、何と言ってビショップ（大僧正）に説明をすることができよう。神父さんはその蛙を取り除くようにこの部落の人と交渉してみる。すると「この蛙はわれわれの聖なる神である。この布を織るのはその神を祭るためであって、ただの布を作ることなど、われわれには興味はない」とあっさりと断られてしまったという話である。

　ここでも、キリスト教とその土地の原住民の宗教との衝突が見られる。この原住民は、スペインがフィリピンを占領した時代にその影響を恐れ、奥地に逃れた人々であるという。ここでは、今も蛙を神として崇めて、この織物にその姿を織って祀っているのである。

　「動物を祖先神として祀る」ことに関心を持っている矢先に、もう1つ、パブリックテレビジョン（Discovery Channel, 6-22-00, Peru's Ghost Town）で、最近ペルーで発掘された2300年前の出土品を紹介しているのが目に止まった。

　この文化は、火山の爆発と洪水のために全滅していたが、ここで発掘された多くの土器破片を修復すると、それは壺で、そこにはいろいろな動物が描かれていた。おそらく動物を神として崇拝するための宗教的機能を持っていたのだろう。それから、織物が折り畳まれた状態で、深い井戸の底から見つかった。相当長い大きな立派な織物で、それにもさまざまな動物が織り込まれていた。

　この大きな布の周囲に房がついているのだが、私が興味を引かれたのは、それが無数の小さな人形だったことだ。解説によれば、これは祭礼のためのもので、人々がこの動物を神として祀っているところを描いているという。このように動物を神として祀る人々が、フィリピンでは現にまだ、その伝統を生きていることを知った。

　クリスの「蛙」について、この事実と関連させて、その象徴する意味を考え

てみるとどうであろうか。クリスのこの遊びは、このような集合的無意識の文化層の働きを触発している。

クリスがこの深層（下層）のプロセスに触れていることで、このヌミノースのエネルギーと意識の層（上層）のプロセスの変容とが、どんな形でこれからのクリスの個性化の過程に影響を及ぼすのだろうか。また、Thには何が求められているのだろうか。

③ クリスの関係性の変化

ここでは、治療者の経験も含めている。

Thがクリスを教室へ迎えに行くときの彼の対応を1つの目処に、観察してみた。記録からその部分を取り出してみると、以下のようである。

＃1 「続ジュラシックパーク」

教室：教室に迎えに行くと、机から離れたがらないし、ひどく、ぎこちなく身体を背けて、一緒に来ることを拒否している。しかし、担任のサポートで、やっと動く。

＃2 「廃物の後片づけ」とゲーム

教室：クリスは今日もまた、顔を背けて「行きたくないよ、箱庭へは行くつもりはないよ」と言う。〈いいよ、いいよ。いま気が向かないんだったら、また後で来るからね〉と言って去る。

午後に迎えに行くと、憂うつな気分で気乗りがしないのか、席を離れようとしない。でも、担任に促されてやっと立ち上がる。

＃3 「危険な動物との戦い」とビー玉遊び

教室：教室へ迎えに行くと、クリスは今朝は箱庭に行きたくないと言う。「だって、いまは遊び時間だから」。でも、遊び時間はちょうど終わるところだったので、クリスは、すぐに上機嫌で箱庭に来ることになる。

＃4 「キングコング　対　王の戦い」

教室：担任がクリスに箱庭の時間だと告げると、「行きたくない」と言う。〈どうして？〉と聞くと、ちょうどやりたいことがあると言う。担任は『クリス、お前はそこに座って何もしていないんだから、ここにいなくても、何もやり逃すことも、損することもないんだぞ。行け、行け』と言ってThにバトンタッチしてくれる。クリスの右耳が難聴であることが判明して、左側からの話しかけをすること、少し声高に話すことにする。

#5「ギャップトレイン」
　教室：迎えに行くと、クリスは箱庭に来たがらなかった。ぐずぐずしているので、担任の先生がプレイルームまでクリスをエスコートしてくれた。
#6（対話　家族の秘密）
　迎えに行くと、1回目は体育の時間だったので、クリスは「箱庭には行きたくない」と告げる。2回目は案外すんなりと来る。昨日、欠席していたので、今日、会えて嬉しいと言うと、「昨日はバスに乗り遅れたんだ」と言う。
#7「飛び込み自殺者の救助」
　教室へ迎えに行くと、クリスは今朝は何の抵抗もなく箱庭に応じる。
#8「町によくある風景」
　教室：クリスは担任の教師と廊下にいた。〈クリス、先週お休みで来なかったので、どうしてるかなって思ってたよ〉「いま、僕の番？」と尋ねる。担任は『今朝は、薬を取らなかったのでちょっとハイパーだけど、箱庭に行くのに、いまがちょうどいい時だよ』と言われる。クリスは元気に活き活きしている。いつものように、ぐずぐずしていない。
#9「殺人犯を殺せ」
　教室：クリスは私を見るなり手を上げて、私の注意を引いた。上機嫌でシャキッとした感じがする。箱庭に行くのを待っていたようだ。
#10「ボス蛙の池」
　教室に行くと、クリスはにっこり笑ってすぐに立ち上がった。〈昨日は、姿が見えなかったけれど、どうしたの？〉「来れなかったんだ」〈どうして？　休学処分？〉「昨日は校外学習だったから、行かないことにしていた」と言う（おそらく、お金の問題だろうと思う）。〈いないから、どうしてるかなって思っていたよ〉。
#11（対話のみ）
　教室：散髪をしてスキッとしている。ところが「おかしい格好で嫌だ」と不機嫌である。彼は医者から、すぐに扁桃腺を取るように言われたということで、ちょっと不安気である。気分がすぐれないのかまったく元気がない。
#12「半分蛙で半分人間の子どもを直そう」
　教室ではクリスは上機嫌である。彼は先週、本当に苦しそうだったから。彼は写真が出来たかどうか尋ねた。〈アルバムを作ろうと思うから、意見を聞かせてね〉と言う。

上記の材料をまとめて一覧表にしたのが次頁の表1「治療の関係性とクリスのやる気の変化」である。
　この表は、教室の環境から新しいプロジェクトや新しい人間関係に入る必要があるときの、クリスの強い抵抗を明らかに示している。クリスが新しい状況に入るときの、教師の関わりが注目される。あたかもバトンタッチをするように、先生はクリスとの関係で築かれた信頼感、安心感をクリスの前でThに言葉と身ぶりでバトンタッチするような関わりを見せたり、箱庭がクリスにとって大切だということを行動で示すように、箱庭の部屋まで同行したりしている。
　これはクリスの教室から新しい部屋への移行（transfer）、Thとの新しい関係への移行を助けている。心的外傷からくる防衛のために、頑固な抵抗、防衛の壁を自分で調整することは非常に困難であることが理解できる。
　次第に、クリスのやる気が出てきて、自発的に箱庭に来るようになったことについて考察してみたい。
　やる気、モティベーション（motivation）が出てきたことをThとの関係性、母子一体性の関係性が出来てきたと考えることができるだろうか？　彼の創作に興味を持っているThが、彼の背景に居て見守っている。その守られた場を提供されて、クリスが安心して彼の内的世界を自由に探索して物語の創作にイマジネーションを働かせ始めた。守られた対人関係の中で、自分の内界との関係性も固めていく。物語の創作によって、彼の内界は彼の自己との関わりをさらに強く持ち始めたと考えられる。そして、情動の制御は彼の内的な秩序の機能（セルフ）と結合して、さらに高い統合性を持ってきたようである。どんどん自分の創作が面白くなってきて、楽しんでいる様子が見られる。

表1 治療の関係性とクリスのやる気の変化

	#1	#2	#3	#4	#5	#6	#7	#8	#9	#10	#11	#12
拒否／担任の促し	＊	＊										
拒否の理由あり 担任の促し／支持				＊	＊							
拒否の理由あり 理由消失−参加				＊								
2回目にすんなり応じる						＊						
1回目−抵抗なし							＊	＊				
手を上げて、率先して来る									＊			
にっこり笑って立ち上がる										＊	＊	
元気がなくてもやって来る												＊

　モティベーションの変化について、エディンジャー（Edinger, 1994）は「心的エネルギーが人や物、考えやイメージに付着して変化する」と述べ、そのヒエラルキーを次のように《注目》から始まって、最後には《創造》に至るまでの行程として分析している。
　1. 注目　2. 興味　3. 欲望　4. 愛着　5. 熱心　6. 固執／執着　7. 自我の選択による創造（自我は自己、普遍的無意識から創造の資源を得ている）
　そして「この心的エネルギーの意図は何か？　それは何処へ行こうとしているのか？　その意図は何か？　このような目的が明るみに出るとき、患者は安堵と満足感を経験する」と言及する（Edinger, 1944, p.19〜21）。

> **事例B** ロン
車椅子の英雄

ロンはアフリカ系アメリカ人で11歳10カ月の男児、特殊学級に在籍している。

【個人および家族歴】 現在、祖母と父、姉14歳、兄13歳、兄12歳、弟7歳、妹6歳の8人家族で暮らしている。父は専門職につき、経済的に余裕のある安定した暮らしをしている。幼少の頃のロンは、父母の麻薬中毒や養育環境の不備などが原因でフォスターホームを転々とし、同胞も散在していた。その頃から、ロンの部分的発作障害（てんかん）の発作が始まり、6～7歳からそのための服薬をしていた。ところが8歳のとき、父方の祖母がロンの居所を見つけ養育保護者の権利を得て、ロンを引き取ったが、ロンの服薬を不要と考えて医師のアドバイスに反して中断した。当時は父親が服役中であり、母親は行方不明であったために祖母が唯一の養育者であった。

【問題行動および病歴】 ロンは胎内で麻薬に曝されており、そのためか脳波に異常があり、部分的発作障害と診断されている。症状としては時折、爆発的に破壊的な行動がみられ、学習も遅滞があった。対人関係が非常に困難で、融通がきかず、担任の教師は彼の頑固さに手をやいている。ロンが9歳まで、部分的発作障害の診断で特に彼の爆発的な行動への処置として投薬を受けていたが、その後、服薬はせずにグループ心理療法、環境療法、家族と個人の心理療法で現在まで安定していて、幸いにも小児精神科の入院は8歳時が最終である。担任になる教師は必ず、ロンと接する要領を身につけなければならないということである。[*1]

---

*1 ロンは、Thが彼の8歳のときに4カ月間、箱庭療法をした子どもであるので、この研究のために他のセラピストに依頼したほうが対象者の条件が均一になって

よいのではないかと考え、箱庭の経験は浅いが熱心なセラピストを見つけて依頼した。しかし、始めて１、２週間で当のセラピストが病休になったため、３回目からThが代わって継続することになる。

1 箱庭療法の経験記録

#1 3月17日 ロンはちょっと硬い感じである。２年ほど前に箱庭をやったことがあると話している。はじめの２〜３分間を野球選手の赤組、青組を出して遊ぶ。赤帽が３人内野に出ている、そして、青帽が６人ダグアウトに待機している（写真B-1、B-2）。

それから、ロンは何故ここへ来るのを渋っていたか、理由を説明してくれる。彼のクラスで「お店」*2があってそのチャンスを逃したくなかったからだと言う。Thはそれで、ロンの遊びが短かったのかと尋ねると、そうだという答えが返ってくる。

Thは今後、体育や楽しみにしているプログラムの時間は避けようと思う。

＊２　良い言動でもらったポイントで「お店」で好きな物と交換する。

B-1

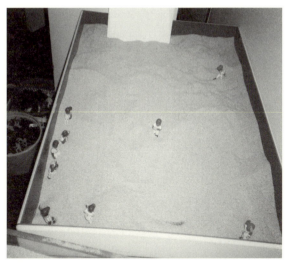

B-2

#2　3月31日　ロンは遊んでいる間、静かで話をしなかった。
すぐに城を手に取って、箱の左中央に（城の正面が）中心に面するように入れ、それからタンクを3台置いた。城には兵士やカウボーイが防衛している（写真B-3は正面から、B-4は左横から）。

B-3

事例B　ロン　車椅子の英雄　　061

B-4

→ こちらが正面

　カウボーイは、虜にしたインディアンを木に縛りつけている。インディアンとマサイ戦士たちは箱の右手の3分の1に位置して、カウボーイたちに立ち向かっている。兵隊を探しているときにはThに話しかける。左手前隅に恐竜がいるが、その地下に宝の箱が埋められていて、恐竜はその番人であるという。遊び終わって、Thが何かお話があるかと尋ねると、ロンは次のような話をする。「この宝のために戦いが起こる。宝のつづらの中には、実はジャイアント蜂が代わりに入っている。だから、宝を盗みに来る奴を刺すんだ」と言う。

#3　4月24日　　（対話の「　」はロン、〈　〉はTh）
　しばらく、担当のセラピストが休んでいる。この日も担当者が病欠であるため、Thが交替してセラピーを継続することになる。
　〈また、ロンと箱庭ができることになったから、楽しみにしているよ。3〜4年ほど前に遊んだよね。覚えている？〉「うん」〈あの頃はこんなに背が高くなかったよ〉「来年僕は7年生（中1）だよ」〈じゃあ、卒業するのを楽しみにしているんだね〉「そうだよ！」と両手を上げて嬉しそうな声を上げる。
　まず、ピカチュウ（稲妻の小怪獣）を取り上げ、騎士と海賊のグループ、レスラーや乗馬の人のグループを左側に配置する。
　〈ロン、この人たちが戦うのだったら、その前に写真を撮らせてね〉と言う。

彼は宇宙人とスターウォーズのエンペラーを中央に立たせる。スーパーマン、レスラー、スパイダーマンが飛び込み、ロビンやイカルスがやって来る。このスーパーナチュラルな者たちは、右手の領域を占めている。そこへミスター・スポックもやって来て、宇宙人の正面に立って手を上げて交渉中（**写真B-5**）。しかし、つかみ合いの戦いで、みんながエンペラーと宇宙人を箱の外へ放り出す。

B-5

B-6

［お話］「宇宙人が来て戦うというので、スポックが戦わないように話し合う。しかし、宇宙人は同意しない。それで、スーパーマンが来て、そいつらを叩きのめす」〈タイトルは何？〉「ファンタスティック４」〈どれがそのメンバー？〉「スポック、ロビン、スパイダーマンそれとピカチュウ」(**写真B-6**)。
　その後、ロンは的当て（ダーツゲーム）をして遊ぶ。ひどい投げ方をして、矢が折れてしまう。的に１回的中する。喜んで遊んで、20分で遊び終えて引き上げる。

印象　　久しぶりに彼の遊びに接して、再び新たな興味が湧いた。ロンだけ以前から知っている子どもであるため、他の子どもとの兼ね合いを心配していたが、その懸念は不要に思える。
　スポックは宇宙人と人間の合いの子であるが、３年前の箱庭（**写真B-15を参照**）でクリスマスツリーの栽培と販売をする男として登場していて、そのスポックが今回もロンの良い男性像として存在しているのを、Thは心強く思った。この度の善と悪の戦いでは、問題解決のためにスポックが、戦わないよう和解の交渉をしている。しかし、それが失敗に終わり戦いとなる。
　この宇宙人とエンペラーで象徴される悪とは、意識界からは遥かな異界に存在し、彼の生活を混乱させるネガティヴな力、人間界＝自我意識を侵害しようとする暗黒のコンプレックスであろう。そこへ意識界の正義の味方「ファンタスティック４」の活躍で一応、勝負が決まる。ピカチュウは稲妻であるので暗黒を破る閃きとして存在するのであろうか。このグループの名前からして、Thにマンダラを思わせる。彼らは、ロンの平常心を護る守護団、セルフケア・システムであろう。

#４　５月１日　　ロンは喜んでプレイルームに来る。
　キングコングを箱の右端に置く。箱全体に森を作り、カウボーイとインディアンが武装して、そこここに待機している。キングコングのいる手前をぐっと掘り起し三日月形の深い川を造り、コングの領域とする。コングの右にドラゴン、左に恐竜を配する。この森の奥、左上部の隅に井戸を置いて一段落（**写真B-7**）。
　〈これでセットが出来たんだったら、写真を撮らせてね〉「井戸を撮ってよ、大事なんだから」と言う。そこで、ロンは今まで撮った写真について尋ねる。

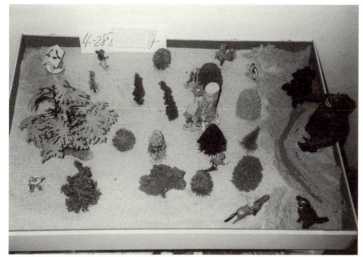

B-7

B-8

写真はまだ出来上がっていない。それから活動開始。
「人間は怪物退治の準備が出来ている。恐竜が来て人間を嚙む。人間は銃を構えてドラゴンに向かって行く。そして、とうとうキングコングまでやって来る。ある人が井戸から水を汲んできて、死んでいる人にかけると生き返る。そ

うして戦ううちに、恐竜とドラゴンにも水をかけると彼らも善になり、みんなでキングコングと戦うことになる。ある男がキングコングに水をかけて眠らせる。

みんな死んでしまったようである。〈そう、みんな死んじゃったの？〉「たぶんね」と辺りを見回すと、大木の影に赤いシャツを着た人がいる。「ああ、ここに戦わなかった人がいる」と言いつつ、摘まみ上げてみる。

「あれ！　これは女の人だ……ゲイだ！」〈さあね。でもたった1人の生存者のようだね〉「彼女が水を取ってきて、みんなを生き返らせるんだ。彼女が男たちの腕を取って起こすと戦いが再び始まる。とうとう、彼女がキングコングを殺す」。キングコングの横たわった体に女性が登っており、勝利の雄叫びをあげているところであろうか（写真B-8）。

印象　　人間対怪物の戦いであるが、「人間は怪物退治の準備が出来ている」というセリフで始まるところが印象的である。その武器は井戸にある。「ある人」が井戸の水、命の水らしい魔力のある水を使って悪を善に、死を生に変容させ、また暴れる怪物＝情動を眠りに誘う。

この水は左上部に在る井戸から汲み上げられる。この場所は一応ロンにとっては天、父性、精神性と考えてみてはどうかと思うが、同時にそれが大地の深みから汲み上げられるところから、この父性は太母神の恵み、自然の神秘性、変容の本質を持つことに注目したい。Thはこの水の出所、名水の由緒を知りたいと思う。その戦場で生き残った女性を発見したとき、驚いたロンは「ゲイだ」と叫ぶ。結末はこの女性の働きで怪物の首領が殺害される運びとなる。彼の日常生活で女性と言えば、心の大きな祖母であり、彼の実母は今もって行方不明であるという。

#5　5月8日　「今日は遊びに行けないよ。やることがあるんだ。明日は一日中オーケーだよ。水、木、金とニューヨークへ行くから、ここにはいないよ」。のちほど、教室を覗くと、みんながバザーのために工作をしている。そこで、箱庭に誘うと「体育の後だったら遊べるよ」と言う。また、ニューヨーク行きの話が出る。「行くかも知れないし、行かないかも知れない。もし、今でなければ夏に行くことになる」と言う。ロンの父の仕事関係からすると、この話は真偽いずれともとれるとThは思う。

濡れた砂の箱へ水を入れる。そこへ右から左へ一直線にレーストラックを作る。滑稽な表情をした緑色の蛙を5匹、緑色の亀を4匹持ち出して、レーストラックの突き当たりの高みに采配をもった蛙を坐らせる。右手の上部と下部に山を作って、その天辺(てっぺん)に蛙と亀を1匹ずつ立たせる。しかし、何故この話題が上るのかは分からない。

B-9
口絵参照

B-10

事例B　ロン　車椅子の英雄

それから体がムカデで上半身が女の怪物２人をコースの中ほどにある障害物のところに待機させる（写真B-9は正面から、写真B-10は出発点側から）。
　[お話]「この国の王様（采配をもった蛙）が死にかかっている。それで１番に勝った者が王様になるというので、蛙と亀がこのゴールに向かって競争することになる。２番になった者が王子になる。それで一生懸命に走って、王様の采配に触る。それから、各々の山に戻る。勝った蛙が采配を取って王になる」

印象　　Thはいつもロンの話に驚き、感心させられる。短い話であるが、昔話のテーマを思わせるからであろうか。王位継承のため障害物競争が行なわれる。新しい王権は再び早足の蛙によって継承される。心理的にみれば、彼の人格の中核でこの新生が起こっている、または起ころうとしていると考えてはどうであろうか。
　ある時、たまたまThが彼の教室を訪れると、ロンが教室内のトイレに隠れて鍵をかけ、出てこないと担任が話してくれる。担任はそんなときには、誰が何と言おうとも彼の耳に入らないので、待つことにしていると言われる。ロンは授業中であるのに「家へ帰る。お父さんに会うんだ」と繰り返し泣き叫んでいる。でも、何故そうするのかを本人は説明できず、誰にも分からない。また、ロンが怒っているから、担任はそっとして嵐の通り過ぎるのを待つ体で待機しているのが精一杯である。

#６　５月15日　「僕の写真を見せて！」と興味津々でプレイルームにやって来る。〈先週、ロンがトイレに隠れて出てこないって、先生が話してくれたんだけれど、どうしたの？〉と尋ねてみる。「僕は怒っていたんだ。家へ帰りたかった」〈あなたが、お父さんに会いたいって怒鳴っていたのを聞いたけど〉「そう、家へ帰りたかったんだ」〈どうして？〉「僕が怒っていたから」〈何で怒っていたか言ってみて〉「全部、全部！　何もかもだよ」。
　そう言いつつ、玩具を集めている。ジョーズ（サメの頭が海上に浮上しているもの）と大蛙が大きな口を開けているものを上部の中央に置き、サメが蛙の大口に飲み込まれる。それから、タコ、魚、蛙と亀、ワニや蟹が辺り一面にいる。それから、コンドルがそこに停まっている（写真B-11：大蛙がサメを飲み込んだところ、写真B-12：大蛙、サメとコンドルを見せている）。そして活動が始まる。〈じゃ、お話をしてちょうだい。ずいぶんいろいろなことが起こっているね〉。

［お話］「大蛙の王様はサメが自分の国民を殺そうとしているので、サメを飲み込んでいる。ところがサメを退治してから、今度はこの王様が自分の国民を飲み込み

B-11

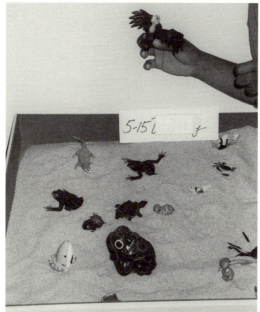

B-12

事例B　ロン　車椅子の英雄　　069

始める。それで、コンドルが空から舞い降りて、蛙の王様と戦って、降参させる。戦いで死んだ魚たちにコンドルが触れると生き返る。また埋もれている者を王様が触ると、みんなの命が蘇える」

印象　　怒っている理由を言語化できずにいるロンは、その状況を遊びの物語で語っているとThは感じた。彼の部分的発作障害（てんかん）が既往にあることを知っているので、この「全部、全部」が彼全体を破壊していく状態、彼の「怒り」とはそのようなグローバルで全身体的な破壊性を意味しているのだと思う（Reece, 1998）。

　　王様はサメのアタックを制御しようとして、それにコンタクトし汚染される。それから蛙大王はサメ同様に自分の領域内の動物に対して破壊的になる。そこへ、コンドルがやって来る。コンドルはその破壊性をコントロールし得る心、知性または精神性、上位の、または、異次元の制御する力であろう。コンドルが大蛙との戦いで勝ち、そればかりか死者を生き返らせることになる。

　　トイレで「家に帰り父に会いたい」とせがんでいたロンを思い出す。分析心理学の視点から「彼の話、望み」の意味を象徴的に考えてみると、「父なるもの」の力が彼の怒りの状態を鎮静させ、彼を平常な自分に還らせる大きな癒し、変容の力であることをロンは経験的に知っていると考えられる。これは鳥 対 水棲動物、上空 対 地上／水の世界との対立で示している。

　　ロンの話の中のコンドルの働きは、エジプトの神話にある隼の顔をしたホラス（Horus）をThに思い出させる。ある説によれば、ホラスはイシスとオシリスの子であるが、父のオシリスはナイル河の命の水の王である。しかし、それを羨む弟のセトに殺害される。その後の展開では、ホラスが叔父のセトを殺害して、父の仇を討ち王位につくことになる。

　　隼のホラスは、古代エジプトでは王権の守護神として祀られていた。それから癒しの神でもある。このホラスは父の命の水をも継承しているところから、象徴的にみれば、第4回目の井戸の由緒はこのナイル河につながっているらしいとThは想像する。

#7　5月25日　Thがロンを迎えに行くと、彼は頑固に断った。「月曜日じゃないか、今日じゃないよ」と言う。Thはピンと来なくて〈もし、何かやっているんだったら、また後で来るから〉と言うと「今日は月曜じゃないよ。今日というんなら、もう止めだ」と言う。〈ロン、もちろん止めてほしくないよ〉。

　Thはカレンダーを調べてみると、案の定、ロンはThに代わってから毎月曜日に箱庭に来ていることが分かる。今週の月曜日はロンが欠席のため出来なかったので、Thはそれを忘れていた。Thは彼の欠席したセッションを挽回しようと思っていたので、この事態になったのだが、ロンにはそんな柔軟性がない。それでロンにメモを書いた。

　〈ロン君へ、来週の月曜は祭日でお休みです。今日の午後1時半に来てくれませんか？　箱庭遊びより〉。担任の先生はThに、『彼は自分にも同じことをする。一度決めたことを変えることができないから、自分の言い分を通すだけで、譲ることは無理なんです。だから、それを避けて何とかしなければならない』と話してくれる。1時半に行くと、彼はとても億劫そうである。〈新しい玩具があるよ〉と促すと「どんな玩具か言ってみて」と言う。〈来て見ればいい〉。

　それでやっと、腰を上げる。(Thには彼の葛藤がよく伝わってくる。)

印象　　今日は、ロンの硬い殻に直に触れたようである。強迫的なところがあって、いったんプログラムされると、それから外れることが大変困難になる。おそらく彼の怒りは、このような状態で外部からの制約で変更を強いられるときに生じ、爆発を起こす原因となるのであろう。Thからの手紙はロンを少し和らげたようであるが、彼独特の憂うつさに対しては、Thはやはり能動的にならざるを得ない。この城（砦）の牢屋に閉じ込められた番人の1人は、ロンの頑なさを表しているようである。閉じ込める者と閉じ込められる者の両面が、ロンの心に働いている。

　部屋に入ると新しい的当てで遊ぶ。それからレゴの城を熱心に作り、何のむずかりもない。出来上がり、「この写真を撮ってくれるの？」と言うので、Thは喜んで写真を撮ろうとすると、彼は番人を牢屋に入れる（**写真-13**）。

B-13

#8 6月1日 今日は木曜日であるが、月曜日は祭日であったため、今日に変更になる。しかしロンは何の抵抗もなくやって来る。的当てを熱心にやり、二人で点数をつけて競争する。

〈もう今日でこの箱庭のセッションが終わりになるけれど、フィナーレをしようか？〉

ロンはいろいろな人物を善悪とり混ぜて集める。レゴの城を置き、魔女、自

B-14
口絵参照

由の女神、ピカチュウ、それに、海賊や騎士たち、スパイダーマン、怪物、ペガサス、虹、それから、ファンタジーの人物、ポリス、ポコハナとトカゲ女、最後にステージの最前列中央に車椅子を置き、それにヒーロー（ファンタスティック４のロビン）を座らせる（**写真B-14**）。

「それで、僕にプレゼントをくれるの？」（卒業を控えている）と尋ねる。〈どんなものを期待しているのかしら？〉「大きいレゴセット」〈箱庭のアルバムを贈り物にしようと思っているから、期待外れだね〉。しかし別段がっかりしている様子はない。

印象　フィナーレというので、彼はすべての登場人物を呼び出したようである。しかし、ロンが中央の車椅子に若い英雄像を座らせたとき、Thはハッとした。障害者であるというロンの自己イメージが表現されているようで胸が痛んだ。しかし、スターは堂々としている。フィナーレの舞台には、以前のドラマに出場した人物（魔女、コブラの怪物、ジニー）もあり、善と悪の両者が車椅子の若者を中心に城の前に集まっているところは、筆者に全体性を感じさせた。

彼の箱庭の物語はこの主人公のことを語っていた、または、この主人公が語り手であったのかも知れない。

B-15

[追記] その後、ロンが1997年の２月から服薬をしていないことをカルテに目を通していて気づく。筆者との最初の出会いの箱庭遊びは４年前で、４カ月間のセラピーであったが、その終了後数カ月したクリスマス前の箱庭（写真B-15）で、クリスマスツリーの栽培とその販売をする風景を作っている。スポックが植木屋の主人で２、３の客がやって来ているところ。左のマンダラの中心には王位継承で使った采配があり、もう１つ小さい柱が見える。王と王子、セルフと自我像であろうか。その２カ月後に、投薬が中止になったようである。彼の発作、猛烈な感情の爆発と暴力が、ある程度治まり、日常生活や学校生活が維持できるようになったからだという。

❷ ロンの箱庭経験

　この度のロンの箱庭遊びの特徴として、ドラマがあり、あたかも物語が遊びの前から準備されているかのような印象を受ける。そこで、彼の物語を１つのテーマ／場として取り上げ、その変遷を検討することで、ロンの経験を探ってみる。特にここでは「遊び」に焦点を当て、その物語性を調べてみよう。

　ロンの遊びには問題提起があり、問題解決のための活動、展開があって、解決して終結するといった物語の筋が明確である。簡略で、詳細にわたる充実した記述が乏し過ぎるかも知れない。制作時間は比較的短く、じっくりと話を構成すると言うよりは、即席であるにもかかわらず、あたかも既に出来上がったものを、さっと制作している印象を受けた。

　最終回に作った「フィナーレ」には、これまでの制作された物語の集結が１場面の構成で表現されているようである。車椅子のヒーローを中心にさまざまな登場人物、これから続いていく物語の人物、また裏方までも登場しているのかも知れない。

　箱庭の遊びに挙げられた「問題提起の状況」を並べてみると、以下のようである。

　１　敵が宝を奪いに来る。
　２　宇宙人が人間界に侵略しようとする。
　３　人間 対 怪物の戦い。

4　王が病に倒れ、継承者の選択が必要となる。
5　サメの襲撃に汚染された蛙大王の脅威。

「問題解決のための活動」には、戦い、競争とマジカルな要素が含まれる。

1　戦うことと、宝の箱に蜂を仕掛けて、敵を驚かせる。
2　スポックが「戦わないよう」宇宙人に交渉するが、失敗に終わり戦いになる。
3　戦いになる。そして「井戸の水」が戦いを変える。戦わなかった女性の活躍。
4　障害物競争で勝った者が王位につくことになる。
5　コンドルが蛙大王と戦い、死者に触れて蘇らせる。

「解決または終結」は次のようである。

1　解決はなし。
2　エンペラーと宇宙人（悪）が「ファンタスティック４」の力で人間界から追放される。
3　「井戸の水」で生存者の女性が怪物を眠らせ殺害する。
4　新たに王位が蛙によって継承される。
5　コンドルにより、蛙大王は平静を取り戻し、国民を蘇らせる。

　最初の物語は、言語化されてはいるが未解決で終わっており、他の４つの物語には、問題提起があり終結されている。最後のセッションには、物語がなく状況設定だけで、いわゆる「物語以前のレベル」の形をとっている。しかし、ロンのドラマのフィナーレらしい状況で、出演者が舞台に総出で御挨拶、満場の拍手喝采を受ける喜びに満ちた感じである。
　このとき、初めて車椅子のヒーローが舞台中央に登場する。実は、この人物は３、４年前の箱庭のドラマで怪物と戦い勝利を納めた若者で、双頭の怪物を味方に持つ英雄であった。今の車椅子のヒーローのイメージは、この時点でのロンの新しい自己像と思われる。
　エジプトのオシリス／ホラスをロンのアイデンティティの核とみなせば、彼はホラス同様の"Wounded Healer"（傷つきの経験のある癒す者）であろう。そして、

彼自身、神話的に言えば、彼の物語通り、王国の新しい統率者である。心理的にみれば、彼の新しい人格が生まれたと言える。

この生まれたばかりの人格が、新しいレベルの社会適応に向けて成長していくためには、当然のことながら、これからも多くの関係者からの支援が必要となる。

3 治療者の感想

　事例のテキストから1から5のテーマを抽出したが、ここで治療者の感想を簡単に述べてみよう。

　まず、物語は解決のない尻切れとんぼの遊びから始まっており、最終回にも物語以前、話のない状況設定のみで終了している。これはこの研究の結果を箱庭療法での「遊び」で集計してみたときに現れた、「ADD/ADHDの子どもたちの遊びに物語性がない」に似ている（206ページ参照）。その子どもたちとロンの大きな違いは、ロンには物語がある遊びができる、ということである。

　テーマをみると、人間界と怪物、異界の者との戦い、「人間は怪物退治の準備が出来ている」という台詞で始まる物語。そして「武器は井戸にある」というふうに、物語には昔話に似た展開があり、マジカルなもの、トリックをするなど、変容をもたらすネタが上手く組み込まれている。おそらくストーリーは、深層から紡ぎ出されたものではないだろうか。

　善と悪の対決。悪を善に変える手立てなど、ロンがこの深い世界に生息し、此処から叡智を体験していければ、カルフの自我の発達段階の「対立、対決、戦闘」を無事に乗り越えて、次の「集団社会への適応」へと成長していけるのではないかと思う。事実、民衆を思いやる王も存在している。これから、近代から現代に意識が発展していくことを切願したい。

　セラピストが教室なりクライエントの実生活を観察できる場を与えられている場合は、オフィスだけに限られたセラピーと違って大きな利点がある。それは時にはセラピストであるから、見える、聞こえる偶然の出来事に遭遇する可能性があるからだ。ロンの病理の理解とその治療方針がある時点で得られ、言語を通してどう話しかけ、彼に納得のいく状況の解釈などが実際どういう機序で有効であるのかも、明らかになったと思う。

> 事例C　マイク

独りぼっち、僕は君を想っているよ

　マイクは10歳のアフリカ系アメリカ人、現在４年生で、特殊学級に在籍している。がっちりした体格で機敏である。声は大きくよく喋り、多動で対抗的。学業不振。乱暴が過ぎるので友人はいない。

　【個人および家族歴】６歳のときに母親が胃癌のために子どもたちの世話ができなくなり、幼児の妹はミシガンの母方に、弟とマイクはロスアンゼルスの父方の祖父母の所に引き取られている。７歳のとき、父親がマイクと弟を虐待したために、父親は刑務所入りになる。執行猶予になるがその観察期間の義務を怠ったために、また、入所になり、現在も服役中である。

　家族が分散したことで、マイクはいつも母親のことを心配し、特に妹のことを心配しているという。虐待についてはマイクは母親からも虐待を受けていた記録がある。母親と同居していた頃は、登校はまばらであったので、小学１年生で留年している。祖父母のところで生活は安定したが、父親との関係は上記の通りで、マイクの問題行動は以前から絶えず、例えば６歳のときに、家に放火したなど、現在も問題行動が継続している。これまでの経歴から、マイクは幼少より生活環境に育児放棄や虐待の経験を持っており、幼少時の愛着の対象関係、母子一体性に欠陥があることが明らかである。

　学校でのマイクの様子を検討すると、問題行動が激しいことで、普通学校を退学処分になり特殊学級に編入するが、そこでも退校処分になり、現在、公立の特殊学級でデイトリートメントの付属している本校に在籍している。しかし、ここでも、マイクは退学をしばしば考慮され、もっと少人数の教室のある私立の学校に移されるべきだという評価が出ている。

　【問題行動および病歴】マイクの問題行動は、主に喧嘩と衝動的な行動、

教師への反抗的・対抗的言動。それから、学業では注意力に欠けていて、与えられた課題をやり遂げることが困難である。また、自分の思い通りにできないと、泣いたり喚いたりといった面もある。級友との関係は非常に悪く、友だちがいない。診断名は双極性障害と反抗挑発症／挑戦性障害である。

1 箱庭療法の経験記録

#1 3月8日 今日は頭と喉が痛いので、気分がすぐれないと訴える。緊張していて、殻を閉じた感じであるが、箱庭にはすすんで来る。Thが砂とトレーを紹介しようとデモンストレーションをすると、気むずかし気であったのが、いくぶん和らぐ。マイクは砂を触ってからリラックスし、Thのイントロダクションに注意を集中して参加してくる。

まず、左奥の隅から木を置く。それから中央に大きな樫の木、つづいて手前右の隅に裸の木、枯れて横たわった木を右手中央、そして枯れ木を右の上部隅に置く。チンパンジーが樫の木の天辺に座っている。マイクは棚の玩具をすーっと見回して、鶏と青い鳥を取って木に止まらせる。ゴリラも中央の奥にやって来る。マイクは「動物、動物」と呟きながら、キリンの親子を樫の木のところで木の葉を食べているふうに配置する。

「偽物の水ある？」と尋ねるので〈池でも作りたいの？〉と応え、Thはトレーの底がブルーであることを掘って見せる。マイクはそれを見るなり、さっと手前の砂を掘って河を通す。「カヌー」と言う。Thはインディアンが座っているカヌーを取って渡すと、女性の漕ぎ手に代える。それから河に土手を作っていく。サイが河の水を飲みに来る。（Thはこれを見て、いいジェスチャーだと頷く。）それから、左の手前隅に橋をかける。「兎いる？」と言うので一緒に探す。マイクは兎3匹を横たわっている枯れ木の辺りに置き、1匹は祠（ほこら）から覗いているようにする。インディアンとインディアンの家、ティーピーを中央の奥に配置する。最後に馬に乗った少年が橋を渡って村へやって来る。水辺には水瓶を頭にのせた女性がいる。「この人は水を汲みに来ているところだよ」と説明する（**写真C-1**）。

［お話］「むかしむかし、人々は旅をして、ここへやって来た。そして、ここで立ち往生する。だから、ここに池を作って住み着くことにする。そこに動物たちもや

って来て、住み着いた。ここはとても素晴らしい住み心地のいい所だから、動物もインディアンも一緒に住んでいる。タイトルは『インディアンの村』」

　Thは、ここで箱庭を毎週1回すること、そして、その都度写真を撮るという計画を伝える。「僕もその写真をもらえるの？」と尋ねたので〈全部終わって、写真が出来たときにはそれをあげるよ〉と言うと、マイクは嬉しそうである。

C-1
口絵参照

印象　マイクは遊んでいる間、元気よく、ボリュームのある声で話し、気分がすぐれないことをすっかり忘れているようである。彼は注意力もあり、集中して仕事ができる。彼の気分は、沈むかと思うと、すぐにまた気を取り直すことができるというように、起伏がある。彼の箱庭はまとまりもあり、「インディアンの村」の様子が情緒のある感じなのが印象的である。

　彼の物語は「むかしむかし」と時代が遡り、この村の成り立ちが語られる。主人公の旅人がここで立ち往生したために、ここに住み着くことになるというテーマは、アメリカのパイオニアの精神と開拓の歴史を思わせる。このテーマが彼の個人の成り立ち、問題であり、問題解決の中核にあるらしく、この場で人間と動物の共生する理想郷が生まれており、今後の展開に興味が湧く。

事例C　マイク　独りぼっち、僕は君を想っているよ　　　079

#2　3月15日　教室でのマイクはひどく深刻なムードで、額にたて皺を寄せている。プレイルームに入るやいなや、彼のムードは一変して元気を取り戻す。

「写真は出来たの？」〈まだ、しばらくは出来てこないよ〉と言う。新しい的当てゲームを見つけて、それを箱庭のトレーの中にセットして、それに夢中になって遊ぶ。的に命中したとき、彼は「この感じを覚えて」と言いつつ、体をリラックスさせるような集中の仕方で楽々と投げて、Thに見せる。Thはその一言に感心してしまう。彼の体は柔軟で、元気一杯である。

しばらく遊んでから、Thを誘って競争することになる。Thは遊び相手である。彼は矢が的に命中したときは、飛び上がって喜びハイファイヴと言って、両手を高く上げて二人で手を叩く。それから、踊り回って、喜びながら心底嬉しがっている。

箱庭に小さい動物を入れて的にする。蛙、自由の女神、街灯2つ、そして、キングコングを中央に立てる（写真C-2）。そして、お尻を揺すったり、両腕を高く上げて「面白いね、面白いね」とはやし立てる。その的を全部ひっくるめて一発で打ち負かそうとする。30分たっぷりと遊び、彼の気分はすっかり陽気に変わる。

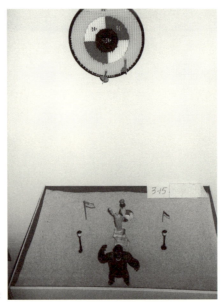

C-2

印象　　マイクは喜びを素直に表現し、また、遊びも臨機応変で、気楽に創作している。的に命中するために「この感じを覚えて」と言うほどの知恵のある彼に対して、こんな子がいつまで特殊学級にいなければならないのだろうかと考えさせられる。

#3　3月22日　　今日は箱庭で遊ぶ前に的当てゲームをしばらくする。
　箱庭では「これは、ジャングルだよ」と言いつつ、木を至る所に植えて、野生の動物をトレー一面に置く。キリンは中央の奥の高い木の傍に、そしてライオンもいる。3頭の象は左上部の隅にあるウォーターホールで水を飲んでいる。蛙は小さい池にいる。その傍に火山がある（**写真C-3**）。
　[お話]「みんなが一緒に住んでいるんだ。ライオンもいるよ。みんなで仲良く住んでいるところだよ」

C-3

印象　　Thは、これは緊張のないパラダイスのような場所であると感じる。火山まで含まれているところから、良いも悪いも、強弱ともに、自然のままに存在している所らしい。この火山は活火山のようで、いつ爆発するか分からない。マイクは注意力もあり、活発な遊びを見せてくれた。今日の物語には筋がないが、いろいろな部分が含まれた場所の設定になっていて、説明されている。

事例C　マイク　独りぼっち、僕は君を想っているよ

#4　3月29日　マイクは歌を口ずさみながらやって来る。「僕は独りぼっち……僕はいつも君を想っているよ。だのに、どうして、君は僕を想ってくれないんだい？」という歌詞。〈いい歌だね〉「ソール・フードの歌だよ*1」。

*1 Soul Food "I Care Bout You"
Sometimes I feel so alone、baby
I call your heart but there's no one at home
で始まる。
コーラスで
Girl I care about you
I'm there for you
So why don't you care for me、like I care about you ooh girl

　マイクは箱庭に木と家を交互に入れていく。犬が中央の樫の木の傍を歩いている。左手前の隅にある消防署にも犬がいる。上部の家の傍にもシェパードが歩いている。タイトルは、「美しい向こう三軒両隣り」。「写真を撮ってもいい？」と言うので、Thが撮ってから、マイクにも撮らせてあげる（**写真C-4**）。

　それから、建設用のトラクターを触りながら「もう１つ作ろう」と言う。で

C-4

も、的当てゲームをする。ところが今日はいつものように上手にできない。「今日は手首を傷めているので上手くできない、ビー玉だったらできるよ」と言って、ビー玉をトレーにばらまく。それから、クレーンを右上の隅に立て、車を４台出して「うわあ、綺麗なビー玉だね」と言って、コンストラクションの車でビー玉をピックアップする。「この人はダイヤモンドを拾っているところだよ」と言う（写真C-5）。

C-5

そして急に床に腹這いになって、足と手をバタバタさせる。〈マイク、空に舞い上がろうとしているのかな？〉と尋ねるが返事はない。そこで時間が来る。彼は立ち去りながら、濡れた砂箱に行って自分と友だち二人の名前を砂に指で書いてから、〈来週はどんな遊びができるか楽しみだね〉と言うと「来週は、たぶん戦争をしよう」と言う。

印象　　今日は何かいつもの調子と違って、町には活気がない。美しく整っているのではあるが、早朝の町のように静まり返っている感じがする。この町も「美しい」平和なご近所という理想郷。次の遊びで彼が手首を傷めていることが分かるが、その次には、建設遊びとビー玉をコンビにして遊ぶ。この散乱したビー玉（ダイヤモンド）を拾い上げる作

業をすることになる。しかし、Thはマイクの心境に何かこのような散乱した状態があるのだろうかと考えさせられる。ソールフードの歌詞は、独りぼっちで遠く離れてしまった母と妹をいつも想っている彼、そして何の返事も返ってこない淋しさと悲しさを、実に鮮明に映し出している。

#5 4月6日　「人殺しドラゴン退治」
　マイクは左腕を骨折して仮のギプスをはめてくる。今週の初めに怪我をしたが機嫌はいい。「今日は何を作ろう？　2つ、3つ作ると言っていただろう」。マイクは砂箱を2つつなぎ、それにもう1つ足して3つの箱を作ることにする。〈うわあ、これは驚いた〉と言う。マイクは3つの箱にそれぞれ、兵隊と怪物、それにタンクを入れていく。
　[お話]「ドラゴンが来て、人間を攻撃するんだ。だから軍隊が出動してドラゴンをやっつけようとする。ドラゴンとの戦いだよ」
　彼は意気揚々として、得意顔である。
　トレー1はキングコングと双頭の怪物が軍隊と戦っている。
　トレー2は黄色の怪物と8頭のドラゴンを無数の兵隊が取り巻いて戦い、軍はタンクを乗り出してやり合っている。怪物は中央で兵隊に取り巻かれて、ひ

C-6
口絵参照

C-7

っくり返っている。

　トレー3ではドラゴンと巨大なライオンが敵のようであるが、ドラゴンはあたかも兵隊の力でやられている様子。見るところでは、ライオンは傍観者のようでもある（**写真**C-6、C-7）。

　この戦いの勝敗はどうやら、人間が優勢のようであるが、結果は不明である。行けども行けども戦いが続くというムードでもある。

印象	Thは、彼の物凄いエネルギーに溢れたムードに驚かされる。しかも、ギプスにはまったく煩わされる様子がない。彼の仕事は巨大であるが、よく見ると、3つのトレーは同じテーマの繰り返しであるので、大きいスペースを使って、複雑な内容になったのではなく、この戦いの物凄さ、人間のやや優勢な戦いを物語ろうとしていると考えられる。「人喰いドラゴンとの戦い」では、今までの箱庭遊びの理想郷の裏面、内界のコンフリクトが表現されているようで、ここで彼が成功しようという意欲を感じさせられる。
#6　4月13日	マイクを呼びに行くと、彼のクラスはちょうど、映画鑑賞をしていた。彼の楽しみの妨げにならないように後で呼ぶ

事例C　マイク　独りぼっち、僕は君を想っているよ　　085

ことにする。のちほど行ってみると、彼は上機嫌で、本物のギプスを付けているが日常生活に支障はないと言う。クラスメートがいろいろのメッセージをギプスに書き付けて彼の回復を祈っている。

プレイルームに入るなり「さて、公園のセットはあるの？」と尋ねる。〈それはないわね。自分でこしらえないと〉

マイクはまず、奥のほうへ、小さな木の家を並べる。それから普通の家をいくつかと橋、それにベンチを置く。そして、気が変わったのか、全部を取り除く。

つづいて、偽物の金塊を2つ置くが、またこれも取り除く。そして、野球をする子どもたちを見つけて、それらをトレーに並べるが、まったく遊びのない感じである（写真C-8）。

「さあ、写真を撮って！」と言う。自分でも撮ってみたいらしい。

この後、的当てのゲームをする。Thに彼がどの的を狙っているかを当てさせる。両者が的当てするダブルゲームだと思う。何故か今日は、彼はうまく当てることができない。

C-8

印象　なんということだろう。先週とは打って変わった状態である。今日はギプスのために身動きがとりにくいことに本人は気づいていないらしく、思いついた遊びを度々変えるといった不安げな状態で、生気がなく、集中力に欠けている。そして、いつもの拡張的な遊びは見られなかった。彼にはこのような気分の斑(むら)があるのか、または、重いギプスで気分が滅入っているのかも知れない。彼の躁うつ、双極性障害の診断名を考えさせられる。

#7 4月27日　はじめにトレーの左上部に葡萄を置き、それから花をトレー全体に植え込む。「水撒きのジョウロある？」と言うので〈残念ね、それはないよ〉「大丈夫、それならバスケットを使おう」と言って、小さなバスケットを庭のあちこちに配する。「これは綺麗な庭です」(**写真C-9**)。

それから「僕はこれから、町を作ろう」と、上機嫌で歌を口ずさみながら、リズムに合わせて体を揺すっている。中央の上部に教会があり塔には時計台がある。

C-9

C-10

事例C　マイク　独りぼっち、僕は君を想っているよ

そして家が隣に3軒並んでいる。トレーの中央に井戸がある（後で井戸は左側の中部に移動する）。それから、町の手前、右と左の端に街灯が立っている。教会の前には2本のアメリカの国旗が翻っている。車が2台通りを走っている。子どもたちが町の中の広場で野球をしている。
「僕の写真を見てもいい？」「人（他の子どもたち）は美しいものを作るの？」〈ええ、みんないろいろなものを作るよ〉。彼は写真を見てから、犬が4匹、辺りを駆け回っているところや、家の後ろに木々をあしらい、それから写真を撮る。「小さなナイスな町」（写真C-10）。

印象　　マイクは写真を撮るのに興味がある。そして、美しい景色を作る。彼の「人は美しいものを作るの？」という問いが印象に残る。美は、彼にとって大事な要素であり、このナイスな町にもナイスな庭にも、それが表されている。

#8　5月1日　マイクはちょうど体育の時間だったので、嬉しくなかったにもかかわらず、箱庭にやって来る。（他の子たちはこういうときに、Thにいろいろと注文をつけて、時間を変える交渉をするものである。）彼は悪い言葉を使って腹を立てたいところを堪えて、「シッ、シッ」と言いながら歩いている。

プレイルームに入るなり、的当てゲームを取り上げて、矢を思いきり力を入れて投げる。〈この矢が最後に残った、たった1つの矢だよ〉と言う。〈覚えてる？　的に当たるときのカンジ！　マイクだけだよ、「その感じを覚えて」と言った人は。だから、投げる前にその感じを思い出すのって、大事だよ〉。

マイクは黙って、ギプスのない片手で棚に並んだ木々を掬い上げて、トレーに投げ出し、そして木を植える。「さあ、写真を撮って」と言う。〈あっ、森が出来たね。この森では何があるんだろう？〉　彼は思い出したように棚に行って、動物を取り上げてくる。キリンが首を伸ばして、木の高みにある餌を食べている。いろいろな森の動物を三々五々に、念入りに配置していく。森の中央には幹が切り取られた枯れた木があり、鳥の巣があって卵が入っている。タイトルは「動物が住んでいる美しい森」（写真C-11）。

それから、濡れた砂を丁寧に平らにして、そこへ親友の名前と自分の名前を並べて指で描く。マイクはそれを写真に撮る。それから、もう1つ作ると言う。

C-11

　大きな馬を1頭トレーの中央に置く。「待って！　もうちょっと」と言って、もう1頭の大きな馬と小さな馬を5頭置く。それから、木を3本取って、右上、左上と左下に置く。それから、写真を自分で撮りたいと言う（**写真C-12**）。
　それまでに、今日は沢山あちこちを汚して砂だらけにする。
　彼を教室へエスコートしているときに、マイクはエレベーターに走りこんで、Thは煙に巻かれた感じ。教室へ行ってみると、マイクは既に戻っている。

C-12

事例C　マイク　独りぼっち、僕は君を想っているよ

| 印象 | マイクの行動にはThはちょっと呆気にとられる。Thを驚かそうということなのか、冗談のつもりであろう。しかし、彼のこのような突発的で冗談まじりの行動は、教室では当然問題視されるものである。 |

#9　5月10日　Thはマイクに〈いつも一生懸命に、風景をいくつも作っていたけれど、たった1つでもいいんだよ〉と話す。「1つの絵を作ればいいの？」〈そうだよ。1つの絵で自分を表現する〉「ああ、分かったよ」〈複雑かな？〉「分かった、じゃあ、そこに戦争を置いて、野球のチームを戦争の中に置く。カーニバルにピノキオ、オズの魔法使い、ポコハンナに結婚式、それに楽隊を入れる。ノートルダムのせむし男、オリーヴオイル、ピカチュウ、頭のないジニー、インディアンの兵隊」と言いながら、それらをどんどんトレーに入れる。「タイトルは『複雑なもの』。監督はマイク」と言う（写真C-13）。

C-13

〈マイク、マイクが好きなように遊ぶのに口出しをして、こんなふうにしていいんだと言ったりしたのは、私のミステークだね。ごめんね。それを引っ込めるから〉とThは彼に詫びる。

「ううん。これ（トレーを指して）は面白いアイデアだと思ったんだ。やってみようと思ったんだよ」と言う。〈マイク、自分の好きなように遊んでちょうだい。まだ、時間があるから〉「僕は、先生が意味することが分かっているよ。1つのものに僕の心を込めるようにというんでしょう？」〈あなたの言う通り

その通りだよ！〉〈Thは彼の思いがけない返事にびっくりする。Thの意図を理解したばかりか、Thよりも的確に言えている。〉

　そこで、新しい遊びに取りかかる。マイクは濡れたトレーに水棲動物を辺り一面に入れる。ワニ、蛙、蛇、タコなど。それから、自分で写真を撮る。Thも写真を撮る（**写真C-14**）。

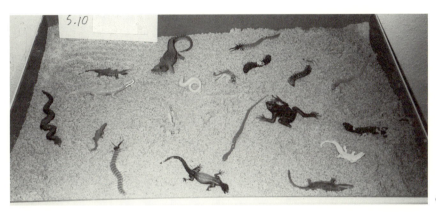

C-14

| 印象 | なんと面白いセッションになったことだろう。今まで見ることのなかった彼の性質が明るみに出た感じである。彼は即座にThの言い分に協調して、従順にそれに応じる。Thはこの展開を見て、大いに反省し、Thが混乱を起こさせたことを詫びる。しかし、彼はその心境を「面白いアイデアだ」と思ってやってみたと言う、自主的な行動であることを明確にする。

　Thは、マイクが抽象的な内容を理解できることが分かり感激する。だがそれは、彼が特殊学級に在籍している生徒であることに由来する、Thの偏見を示唆してもいる。彼の場合は知能の発達に障害はなく、行動と情動の制御に問題がある双極性障害（Bipolar Disorder）と診断されている。

　2番目のシーンは最初の「複雑なもの」と形態的には変わっていないが、今までになかった水棲や両棲動物のみの世界となる。「複雑なもの」では複数のテーマが混然とし、未分化で方向性のない状態であり、「語り」はない。2番目のシーンのほうは「1つのものに心を込めた」

と言うか、単一のテーマで貧弱な感じでもあるが、爬虫類だけの寂しい世界になっている。マイクの日向と影の世界がこの2つの箱庭で表されているように思われる。

#10　5月18日　マイクは級友と喧嘩をしたために、映画鑑賞する機会を逃す。両者は教室に残されて読書中である。「今日は1時間遊ばせて。映画に行けなかったのだから」と言う。〈ごめんね。この部屋での遊びは半時間ずつになっているから、変えられないのよ〉。マイクは今日は交渉を試みている。

マイクは的当てのゲームを始める。Thは彼の点数を計算する役である。

60％は点を稼ぎ、2～3回は的中する。箱庭では、ネコ科の動物を乾いた砂箱に集める。それらを辺りに三々五々、何処ということなく並べる（**写真C-15**）。

C-15

それから恐竜に注意を引かれて、濡れた砂箱に恐竜を入れ始める。それから右の端を手前から奥に溝を掘るように綺麗に砂を除ける。そこには水棲の恐竜が住んでいる。恐竜の住むところには木々が茂っている（**写真C-16**）。

［お話］「恐竜の時代にもワニがいたんだ。もっと巨大な植物が必要だね」
話はそれで終わり、その後は展開しない。

C-16

印象　　今日、マイクは2つのトレーを作った。しかし、内心、Thはいろいろの疑問があり、煩わされる。いったい、ここで何が起こっているのだろう？　どうして、こんなに未分化な状態の所にずっと立ち往生したままでいるんだろうか。何故、Thがこのようにあれこれと疑問を持っているのだろう、などと。それが妙に感じられるために、変に満足感が感じられない。これはまさしく、Thの心境に通じているに違いないと思われる。

　　写真C-16では、恐竜時代に遡り、植物も河もある充実した風景であるが、物語はなく、言語以前の世界である。恐竜は時に、象徴的にみれば、原初の情動、原初の衝動を反映させているが、ここでは、平穏で破壊的な状況はない。

#11　5月25日　　マイクは今日は、個人教授について勉強中である。今もまだギプスをつけている。
　新しい的当てゲームを見つけて、疲れてスコアが落ちるまで一生懸命に遊んだ。〈箱庭はどうなの？〉　彼はゆっくり見回してから、マスカットグレープや野菜を取り上げる。
　「今日は野菜と果物の庭を作ろう」と言うので、Thも野菜と果物を探すのを

手伝う。マイクは緑の葉を見つけて果物にあしらう（写真C-17）。

それから、マイクは椅子に腰掛ける。〈この頃はうまくいっているの？〉「うん」〈喧嘩しなかったり、問題がなかった日は何日ぐらいあったの？〉。

「昨日1日」という返事なのでThは笑ってしまう。〈そう、上出来だね〉「昨日は1回だけタイムアウトの部屋に入ったけど。その1回きりだよ」。マイクはThの鍵を拾い上げて、眺めている。呼笛を見て「これは金？」と尋ねる。〈ううん、たぶん真鍮ね。それは、用心のためだよ〉と説明する。マイクは、Thが子どもと取っ組み合いをするようなことがあったかと尋ねるので、そんなこともあったと話す。

C-17

マイクには夏のプランについて尋ねる。火曜、水曜はサマースクール、月曜と金曜は野球の練習、それからたぶん、アルバイトに医院へ手伝いに行くつもりだと言う。お小遣いを貰わないので、何かを買いたければ仕事をしなければならないと話してくれる。

話し終わって、的当てゲームをして、Thに矢が全部ボードに当たる（磁石なので矢がボードにくっつく）までやるようにと指示する。Thがやり終えると「さあ、これで僕は引き揚げよう」と言って、にっこり微笑む。

印象　　ここでの遊びは、的当てゲームという注意力を集中させ、体と心を統合しなければならない遊びと、箱庭遊びという静かで彼の美的感覚

を満足させることのできる遊びの両方から成っている。

　箱庭は戦いがなくなり、自然の植物の世界である。この箱庭療法も収穫時であるのかも知れない。Thも一緒に材料集めに仲間入りし、協力者として仕事をした感じがあった。それから、彼の注文に従って仕事に参加したThの満足感があたかも彼に伝わっているようで、Thが仕事の終結と成功を彼に知らせているのも面白いと思う。やはり、以心伝心の世界である。

#12　5月31日

　昼食後に迎えに行くと、マイクは初めて、はっきりと1時半に箱庭に来たい旨を主張する。それで、体育が終わってから来る。やっとギプスもとれている。

　今日は的当てゲームを時間いっぱい、30分やる。投げ方をいろいろ変化させるそうで、ブルース・リーやレスラーなどが敵とやり合う舞台を的にするゲームを創作して遊ぶ。矢が的に当たるかと思えば、辺り一面、四方八方に飛び交うという有り様。Thには彼が羽を伸ばして思う存分遊んでいる様子が見えて嬉しく思う。

印象　　今日はマイクが「1つのものに彼の心を込めて」遊んだ日である。あと2週間で修了式になるが、今日は彼の担任が休みで補欠の知らない先生が来ている。クラスメートのなかでは、それに相当悩まされている様子であったが、マイクはそのことでは、煩わされている印象は受けない。

　それで不安になっているのはThのほうで、マイクが1つの遊びに熱中しているにもかかわらず、どうしてなのか不審に思うことが妙であった。今、思うと、それはこの遊び自体が、非言語のうちでも最も原初的な感覚運動の繰り返しから成っていて、そのために知的な意識のレベルでThは必要とされていなかったためである。

　Thは彼の世界の「背景にある存在」として必要とされている。Thが主に身体／物質的なレベルの母体／包むものとして必要とされているので、意識レベルのシフトを余儀なくされ、そのシフト／ズレを違和感として感じていたのかも知れない。

2 マイクの箱庭経験

　まず、初回で、彼は遊びの中に物語を作ることができた。問題提起があって、それに対する働きがあり、結末に解決がみられる。この「インディアンの村」は動植物をはじめ、詳細な生活描写が含まれている。しかも、人間と動物の共生する平和な村で、その起源も語られる。彼の個人史、別離の多い、転々とした幼少時代に通ずる筋であるが、ここには、それとは逆に平和で豊かな暮らしがある、いわゆる「理想郷」。「行きづまり」が中核にあることが共通因子で、相補的な箱庭物語である。馬に乗った少年が左手前の橋を渡ってやって来る。これを見ると、初回夢のように意味深長で、彼の社会適応の希望が持てる印象を受けるがどうであろうか。元型的なエネルギーをうまく抱擁できる、例えば馬に乗れるようになれるか否かであろう。

　彼は理想郷を何回か繰り返し作るが、だんだんそれが気の抜けた簡略なものになっていく感じを受けた。そして、猛烈な戦いの場に発展する。そのときの印象をここに再載してみる。

　Thは彼の物凄いエネルギーに溢れたムードに驚かされる。彼の仕事は巨大であるが、同じテーマの繰り返しであるので、大きいスペースを使って、複雑な内容になったのではなく、この戦いの物凄さ、人間のやや優勢な戦いを物語ろうとしているのだと考えられる。この遊びでは、理想郷の裏面、内界のコンフリクトが表現されて、ここで彼が成功しようという意欲を感じさせられる。

　この壮絶な戦いが3つの箱に納まっていることに感謝したい。マイクが被虐待児であること、しかも、癌を患う母との生活では養育放棄の被害を受けている。ここに兵隊やタンクが出動して原始的な情動に制御の働きかけをしていることからみて、彼の年齢相応の自我発達に期待をかけることができそうである。

　しかし、彼はその前に、土台となる安全性や信頼感を経験しなければならない。それをどのように確保するかであるが、彼の箱庭の遊びの中に繰り返し表されるテーマは、「美しいもの」である。マイクにとって「美しいもの」はセルフの経験に関係しているとみられる。「美」が彼の防衛であり、平衡を取り戻すためのシステム、カルシェッド（Kalsched, 1996）の言う「セルフケア・システム」であると考えられよう。

　しかし、本来の中核にあるべき愛の絆、信頼関係から来る肯定的な自己価値を得ることは美の経験からだけでは得ることができないと思われる。

ノイマン（Neumann, E.）は、健康な母子関係で、母の物質的、精神的、または、内的外的な世界に対する相補性について言及している。それによれば、母は彼女の許容範囲内で害になる要素が支配し過ぎないように、素早くプラスの要素で置き換える。そのため、子どもがこの母に接するたびに、母がお手本になって、子どもは肯定的な全体性のある傾向を自我に備えつけていく。子どもは内的、外的な世界の、たとえそれが不快で否定的なものでも、同化し、統合し得る人格の統一体として保証されていき、対立する部分に容易に分裂することがない。子どもは世界も自分も受容し得る、なぜならば、母を通して一貫した経験をしているからである、と説明している（Neumann, 1973）。

　マイクは「動物の住んでいる美しい森」「馬の世界」「両棲動物のいる世界」と動物をテーマにし、それに美しい花のある「美しい庭」そして最後に「野菜と果物のある庭」と植物をテーマにする遊びをしている。これはカルフの言う母子一体に続く自我の発達段階の過程を示している。特に「野菜と果物のある庭」は、この短期間の心的治療過程の終わりに位置しているところから、文字通り「結果」とみることができるのではなかろうか。そして、最も単純でかつ必要である、食べて寝るレベルの生成の、生きる営みの過程を見ているようである。心理的にみれば、やっと、心身の発達の土台、必要な栄養分のとれる安全な信頼関係を、マイクは経験できたようである。

3 セラピストの情緒的な瞬間の経験

　#9で、Thはマイクに〈1つの絵で自分を表現すれば〉と提案して、「複雑なもの」の制作を引き起こし、大失敗をしたと反省する。ところが、結果として彼の賢い本性を垣間見ることになり、興味深い発見があったのは収穫であろう。その上、マイクはThの意図を正確に汲んで**写真C10〜12**の箱庭を作成する。Thの自己開示が結果的には治療関係を密にし、#11にも**写真C-11**にみられるように、治療的退行を継続したようである。Thはマイクが抽象的理解ができることが分かり感激する。それは彼が特殊学級に在籍している生徒であることに由来する、Thの偏見を示唆している。彼の場合は知能の発達に障害はなく、行動と情動の制御に問題がある、双極性障害と診断されている。

　No.2のシーンはNo.1と形態的には変わっていないが、今までになかった水

棲や両棲動物のみの世界となる。No.1では複数のテーマが混然とし、未分化で方向性のない状態であり、「語り」はない。

　ある日、マイクは「１つのものに彼の心を込めて」遊んだ。彼の担任が休みで補欠の知らない先生が来ていたが、マイクはそのことでは、煩わされている様子はない。それで不安になっているのはThのほうで、マイクが１つの遊びに熱中しているにもかかわらず、どうしてなのか、不審に思うことが妙である。それはこの遊び自体が感覚運動の繰り返しで、意識のレベルでThは必要とされていないため、Thが身体のレベルの容れ物として存在することを要求されており、それによって意識レベルのシフトを余儀なくされ、直感的にそのズレを違和感と感じていたのかも知れない。転移／逆転移の状況である。箱庭療法における母子一体性でセラピーが進んでいるときには、その関係性から言うと共転移（co-transference）であって、Thの今の関係では、Thが自我意識にとらわれている。

　彼の情動のままに、さまざまな遊びを繰り広げたマイクであるが、実生活ではさほど彼の言動に変化はみられていないという。子どもの日常生活の環境をもひっくるめた対策がマイクの場合、特に望まれると思う。

> 事例D　デイジー

3人の魔女の城って何？

　デイジーは10歳11カ月になる5年生、ほっそりとして背の高いアフリカ系アメリカ人の女児である。過去4年間、特殊学級に在籍。問題は多動で、時折、同級生に暴力を振るうことである。しかし、薬物療法は副作用が出やすい体質のためしていない。

　【個人および家族歴】5年前、デイジーが5歳のとき、母が5カ月になるデイジーの妹に暴行を加えた容疑で刑務所送りとなり、デイジーは曾祖母に預けられた。しかし、曾祖母が数カ月後に急死したため、フォスターホームをする叔母に預けられる。そこで、デイジーはフォスターケアの子どもたち6人と生活を共にすることになった。

　【問題行動および病歴】小学校では、彼女が多動で担任の指示に従えず、また、友だちが出来ない状態であったため、特殊学級に編入され現在に至っている。精神科医は、当初、リタリンを処方したが副作用が著しかったので止め、それ以来、薬物療法はしていない。

　デイジーの母が養育の権利を取り戻したので、去年から母親と同居しているという。母子家庭であるが、親戚関係のつながりは密であって、行き来がある。

1 箱庭療法の経験記録

#1　3月8日　　箱庭療法のために、教室に彼女を呼びに行くと、はじめは気乗りがしない様子だったが、やがて誘いに応じてくれる。プレイルームでは、興味津々で、砂と箱に馴染んでもらうためのオリエンテ

ーションの後、デイジーはすぐにプレイルームに興味を持って遊びにとりかかる。
　まず、貝殻を集め、それらを乾いた砂箱にばらまいてから、丁寧に、1つずつ平らに配置する。「私は貝が好き」と言い、棚の玩具には目をやらない（写真D-1）。

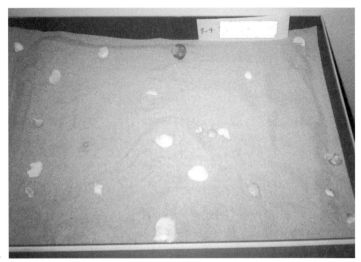

D-1

　濡れた砂箱に行くので、Thは、〈濡れた砂では、砂の城を作って遊ぶこともできるよ〉と遊びを紹介する。デイジーは「私にそれを作って」と早口で呟く。〈手伝ってあげるからやってごらん〉とすすめる。彼女はやってみるが、不器用で、この簡単な遊び、ぬれた砂を型に入れてそれを手早くひっくり返す動作ができない。Thがそれをやってみせる。デイジーはちょっとやってみるが、できないで止めてしまう。
　彼女は棚の城に気づいて、「お城！　魔法使いのお城を作ろう。黒猫を探して頂戴」と言う。箱に城を配する。〈ごめんね、ここには黒猫がいないんだ〉とThは応じる。「じゃ、魔法使いの庭を作るからいいよ」とあっさりと言いながら、木や花を適当に植える。コウモリを見つけてそれを塔の上に置く。必要なアイテムが見つかって気に入ったようである（写真D-2）。
　終わって眺めているので、〈何かお話がありますか？〉と聞くと、首をかし

100　　第Ⅱ章　事例――7人の子どもたちの箱庭療法の経験

げて「別に」という表情である。〈別に、お話がなくっても、いいよ〉と言って、〈これから、3カ月ほどの間、週1回30分ほど箱庭をしてちょうだい。5月いっぱいかな。いい？〉と尋ねると、嬉しそうに頷く。

D-2

印象　　デイジーは出来上がりを見て嬉しそうである。Thはこの魔法使いに「はてな？」と思い、この魔女の城に注意を払おう、何かありそうだと思う。
　それから、Thが気になったのは、彼女のモノを見る動作がゆっくりで、目と手の動き、これらの共同作業が鈍いように見えることだった。もしかすると、視力が原因なのかも知れない。

#2　3月16日　　教室へ迎えに行くと、飛び上がって喜んで「来週も来るの？」と尋ねるので、〈5月の終わりまで毎週来るのよ〉とThのプランを話すと、「わあーっ」と喜びの声をあげて、箱庭に来る。初回にThのプランを話したが、それは記憶にないらしい。プレイルームでは、さっと棚から城を取り出して、濡れた砂箱を使って、そこへ魔女3人を配置する。木を1本城の前に立て、花を周りに植える（トレー1、**写真D-3**）。
　デイジーは活き活きして、それらの配置には時間をかけず、自然に遊べている。

事例D　デイジー　3人の魔女の城って何？　　101

D-3

　それから、すっと乾いた砂箱の所に行って、ホウキで表面を丁寧に掃いて整地する。そこへ、バービー・ドールを3組、母と子を組み合わせ、人種をマッチさせる。そこは浜辺で、ビーチパラソルを立て、親子3組が砂浜に座っているところである（トレー2、**写真D-4**）。

D-4

それから、濡れた箱（トレー1）の所に行って、城の裏側に台所のストーブを置く。「魔女たちが台所で料理をしているところ」と言う。次に、乾いた箱に行って、砂の城を作うとする（トレー3）。最上段の棚にある大きな馬を見つけて「わあ、この馬が欲しいわ」と言う。整地をして、馬を置く。「それから城が要るね。『エジプトの王子』を作ろう」と言って、そこへ砂の城を作ろうとする。そして、ライオンを見つけて、「まあ、どうしてこれがあるって言ってくれなかったの？　そしたら……動物を使って、……が作れたのに……ああ、魚がいる。海が作れる！」キョロキョロしてどうしようか迷っている様子。
　〈家族たちが浜辺にいるから、そこに海を作ってはどう？〉とThは応じてみる。
　「ああ、そうだ」と言うなり、砂を左に寄せて右側に（青い底を出し）海を作る。Thはホウキを手渡してあげる。デイジーはそこへ魚を並べ、それから、3組の母子をまた元のように左際に配置する。海と陸が出来て、浜辺で親子が楽しんでいるところ（写真D-4）。
　それから、トレー3のところに行って、「あのね、家が要るの」と言う。〈動物のいる牛舎？〉　Thも手伝って探す。家畜小屋を見つけると、彼女はそれを右上の隅に置く。(トレー3、写真D-5)「豚も要るね」と言いつつ、小豚にお乳をのませている母豚を見つけて「私は小豚が大好き、家には子犬がいるの」と言う。〈どんな、子犬？〉と尋ねるThへの返事はない。ここで、時間になる。

D-5

印象　　ある時点で彼女は、2つの箱（トレー1、トレー2）に並行して、魔女の城と浜辺の親子のテーマを作っていく、それで、何かを思いつくとそれを付け加えていく。3番目の箱（トレー3）には、豚の母子がテーマであったので、この時点でThは彼女が女性性モードの意識体系を持っているように思えた。この多動性はADHDというふうにみるよりも、太母的またはウロボロス的意識で生きているパターンと考えるほうが妥当かも知れない。現代の機械化電子化した社会生活では、この意識を持って生きることは不都合に思われる。

#3　3月30日　　先週デイジーは、医者に行くという理由で休みであった。この日ばかりでなく、欠席日数は多い。今朝、教室へ彼女を誘いに行くと、喜んでやって来る。

　プレイルームに入るやいなや、砂の上に大きなハートを指で描いて、それを四角で囲む。「丸で囲むこともできるよ」と言う。そして、さっと消してしまう。（これを写真に撮れなかった。）それから、デイジーはビー玉を見つけて、Thを誘っておはじきをする。二人で床に座って25分間遊ぶ。彼女はごまかして勝つが、おはじきは得意なようで、相当熱中していて、勝つことは彼女を大いに喜ばせる。

印象　　「あれっ？」と思うほど束の間の出来事であったが、ハートの表現がそっと現れて消える。デイジーは遊び終わって部屋から出ると、人が変わったように、悠々と澄ましている。クールな雰囲気で颯爽としているのが印象的である。思春期の子どもが親との依存関係から巣立とうとしているときのように、家の外では母親をあたかも知らない人のように振る舞ったりするのと似ているのだろうか。彼女独特のスタイルがある。依存と分離、そして独立、その中間領域にいるのかも知れない。

#4　4月5日　　教室へ誘いに行くとThを見るなり、さっと立ち上がり、箱庭に来る。

　プレイルームへ来ると、まず、城と魔女3人を置き、花や野菜を城の周りに植える。とてもきれいな庭である。それをいろいろと配置替えして、花を庭の

奥のほうに、そして野菜を前に持ってくる（**写真D-6**）。

D-6

それから、「ビー玉やりたい？」と聞く。〈いいよ〉とThが応じると、それから、しばらく二人で床にビー玉を撒いてそこで遊ぶ。ここでは、デイジーの動作は不器用ではあるが、頑張って点数を稼ごうとする。

　デイジーはそれから、食べ物を探し始める。そして、『くまのプーさん（winnie the pooh）』の話をする。Thは棚のプーさんを彼女に紹介する。すると、彼女はピクニックをすることを思いつく。「ピクニックのブランケットある？」と聞くので、〈残念だけれどそれはないの〉と言う。そこで、デイジーは黒いビニール袋を見つけて、それを破って毛布の代わりにして、箱の中にピクニックの御馳走を並べ、お話の人物も勢ぞろいさせる。それから、思いついて、それらを床に移す。「本物のピクニックのように広げて」。プー、ピグレット、ティガーそれにラビットが、たのしいピクニックでいろいろの食べ物を広げて、行き来する状況になる。彼女はそのにぎやかなピクニックの傍に寝そべって、彼女を入れて写真を撮るようにと注文し、プーをはじめ、みなみなのモノどもを撮影のために並べ替える（**写真D-7**）。

　Thは注文に応じて、楽しいピクニックの写真を映す。自分の思い通りのものができたようで、彼女はとても楽しそうで得意気である。

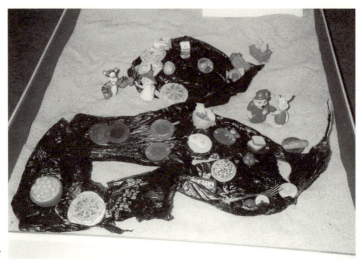

D-7

印象　　今日の遊びはまとまりがあって、喜びの感情も目に見え、満足感が伝わるようなものになった。
　担任に彼女の視力について質問する。担任によれば彼女は小学1年生のときから眼鏡を使用していたと言う。最近は彼女の母が眼鏡を用意してもデイジーはすぐに失うか、落としたりして壊してしまうそうである。視力の弱さが動作を鈍くしていることが判明した。傍で聞いていたデイジーは「だから、私の読力は悪いんだ」と言って、眼鏡をかけることの必要性が分かったようだ。彼女が眼鏡を嫌うのは、からかわれるのを恐れてか、それとも格好が悪いと思っているのかも知れない。それについて、デイジーは語らない。

#5　4月12日　　プレイルームに来るなり、「今日は、この部屋がいつもと違うように見えるけれど」と辺りを見回している。「それから、(まず、初めにすること、) どうするかも分かっているよ」と言いつつ、箱に行って砂に手を入れてゆっくりとリラクセーションをする。
　それから、デイジーはビー玉ごっこにThを誘って、二人で床に座って遊ぶ。それが終わってから次に、水を持ってきて遊び始める。砂に水を入れて混ぜる。Thは混ぜるのを手伝う。砂を城の型に入れて城を2つ作る (トレイ1、**写真D-8**)。

「ポコハンナがあればいいのに」と言うので、Thはそれを棚から出してあげる
　それから、他の箱に魔女の城を置く。魔女を3人、城の周りに置いて、虹を入り口にいったん配する（トレー2、**写真D-9**）。

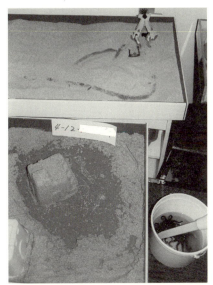

D-8

D-9

事例D　デイジー　3人の魔女の城って何？　　107

インディアンの家、ティーピーをもう１つの箱（トレー３）に入れる。それからアニメのヒロインでインディアンのポコハンナとボーイフレンドをティーピーの前に置いて、「キャンプファイアーを探そう」と言う。それを彼らの前に置く（写真D-8の上部）。〈もう、魔女のほうは終わったの？〉と尋ねてみる。

　デイジーは城のほうに戻って、城の前でお掃除をしている魔女で遊びながら、コウモリを探しに行く。「魔法使いの出て来る映画を見た？」〈ええ、『オズの魔法使い』を見たよ〉「私は見なかった」〈とてもいい映画よ〉「コウモリは恐いね」と言いつつ、コウモリを３匹城の塔の上（トレー２）に置く。それで一段落。Thはいままでやった箱庭の写真が出来上がってきたので、それをデイジーに見せることにする。それを見て彼女は上機嫌になる。

　それから、デイジーは棚の天辺に置いてある大きな馬を取り上げ、「もし、この馬（彼女）がいたら、一緒に寝る」と言って頬ずりしながら馬を抱き締める。

印象　　デイジーは普段ストイックな表情でいるのに、今日はずいぶん愛着の感情、ロマンスのテーマを表している物語、Thと会話をしようと試みているのに気づいた。それから、写真を見て、肯定的で素直な喜びと関心を示しているのがThに伝わってくる。Thは、彼女が１つのテーマに集中せずにあちこちするせいで、憂うつな疲れた感じに襲われる。

 # 6　4月26日　　教室へ迎えに行くと、デイジーは今日は何か自分のしたいことがあって、ぐずっていた。担任が促すのでようやく腰を上げた。いままで、教室で熱中している彼女を見たことがなかったので、これは新しい発見である。

　プレイルームに入ると、いきなり「ビー玉で遊ぼうか？」と言う。〈まず、砂でリラックスすれば？〉と言うと、乾いた砂の箱に行って、リラックスする。

　「オーケー、じゃあ、砂のお城を作る」と言って、砂を盛ってそれに城の型をかぶせる（トレー１、**写真D-10**）。

　それから、床に座ってビー玉ごっこをする。「あと、何分？　２時までいてもいいの？」〈まだ、時間はたっぷりあるよ。１時半までよ〉と応じる。「それから、ビルもここに来るの？」と聞く。〈ええ、彼も来るよ〉「彼は、以前、私と同じクラスにいたの」。Thは何かピンと来ているが、はっきりは分からない。

D-10

「これから、魔女の城を作るから」と言いつつ乾いた砂箱に城を置く(トレー2)。そして、3人の魔女をあちこちに配置してから「どの魔女が一番若いと思う？」とThにそれを言い当てさせて、一番若い魔女を花のベッドに寝かせる。1人は緑の木の葉のベッド、もう1人は緑の枝のベッドというふうに、魔女たちのお気に入りのベッドでそれぞれ別の箱の隅に寝かせる(トレー2、写真D-11)。

D-11

事例D デイジー　3人の魔女の城って何？　　109

印象　　今日は私の内心に緊張を感じていた。それは、この魔女たちが良い行動をしているにもかかわらず、魔女（悪）であること。それにどうして毎回毎回これを繰り返しているのか。私が何か見落としているのだろうか。

#7　5月1日　　今日も喜んで来る。
　プレイルームでは、魔女の城をまず置く。そして「ビー玉で遊ぼうか？」と言うので、〈魔女はどうするの？〉と応じる。「そうだなあ」と言って魔女3人を城に配置する。〈彼女たちはどうしているの？　まだ寝ているの？〉と尋ねると、「そう、寝ているの」。
　〈私はまた、魔女はいつも何かしているのかと思った〉と言う。そんな自然なやり取りになる。「1人は寝ている、もう1人は料理をしていて、あとの1人は表にいて、彼女の花畑にいるの」と言いながら、そこにバスケットに入った花をばらまく（**写真D-12**）。〈そう、それから？〉と言うThには応じず、「ビー玉をしよう」と言って、床にビー玉をばら撒いて用意する。そこでしばらく二人で遊ぶ。（こういうやりなれた、それでいて安全で競争できる遊び、それを何度も繰り返す必要があるのだろうとThは思う。）デイジーは「自分のルール」を作って、必ず勝つ。（そのとき、Thは何か言いたい気持ちであったが、

D-12

それを納めて言い止まる。)〈あと7分〉と時間を告げると、彼女は、急に「その袋をちょうだい」とビー玉を拾い、袋に片づける。
　「濡れた砂で遊びたいから」と言って、自分で部屋の外へ水を汲みに行き、水を砂に入れてかき混ぜる。そして、捏ねた砂を城の型に入れて、勢いよくひっくり返してみる。2回目に少しうまくいく。(慣れない手つきで、タイミングがよくない。)(写真D-13)

D-13

　「タコはどこ？　覚えている？」と突然に言うので、〈えっ、うーん〉と詰まる。(筆者はそれを覚えていない。)彼女はタコをバケツの水に入れ、かき回して水を濁らせて、タコの煙幕にする。彼女は白い花を見つける。「これを、髪飾りにするから、もらっていい？」と言うが、Thは〈だめよ、これはここに置いておかなければいけないの。ごめんね〉と言う。髪飾りに関心があるんだなと、デイジーの好みが知れて嬉しく思う。

| 印象 | Thは頭が混乱している感じで、〈いったいここで何が起こっているんだろう？〉と、今までの代表的な仕事の経路を辿って、ダイアグラムを描いて足場を確かめてみた。知らず知らずに、Thの限界を相当緩められている感じがする。それでも調べてみて、彼女のタコが第1 |

(事例D) デイジー　3人の魔女の城って何？　111

回目の海の中で魚を摑んでいることが分かり、また、彼女がちゃんとそれを記憶していることが分かり、Thは救われた感じ、希望が持てる感じを経験する。しかし、白い花を所望されて、それを手放さずにいたことが、何だか融通の利かない間抜けなことに思えて、〈ばかだな〉と悔いられた。

#8 5月11日　教室からは率先して、プレイルームにやって来る。「これから、『魔女の夢の家』を作ろう」と言って城を出し、魔女とストーブなど慣れた手つきで乾いた砂箱に並べる。それから、彼女の母が病気だったことをThに告げるが、それについてそれ以上は語らず、詳細は分からない。

　彼女の様子は普段より多動で注意散漫である。「一緒に遊ぶ？」〈オーケー〉というわけで、床にビー玉を広げてしばらく二人で遊ぶが、今日は赤と青のビー玉だけ取り出して使うことを彼女が提案する。色別に分かれて競争する。ここでも毎回彼女が勝つ。ところが今日はどういうわけか、初めの勢いが途切れたようで、Thがちょっとエンジンをかける感じになる。〈箱庭遊びは終わったの？〉とThが切り出すと、「ああ、そうだ。写真を撮るの？」〈あなたが遊び終わったら撮るよ。まだだったら、あとからね〉。　彼女は、城の周りに木を

D-14

植える。そしてビー玉を持ってきて、城の周りの庭にばら撒く。それからもっと木を植え、コウモリを城の塔に置く。そこで数分遊ぶ。「さあ、これで終わったよ」と言う。Thは写真を撮る。城の様子はいままでよりも、手が込んでいるようである（写真D-14）。

　印象　　今日は彼女との関係にシンク（ぴったり）でないと思いながらも、彼女の今日のタイトルに感心する。「魔女の夢の家」。魔女の理想の家という意味だろうか？〈へえっ、この子の何処にそんな言葉遣いをするような才能が隠れているんだろう〉といった驚き。親ばか的な気もするが。ビー玉が色分けになったところも有り難い。ちょっと分別とか、成長の兆しが見えていると思っていいのだろうか？　彼女の母の病気がどの程度のものか分からないが、気がかりのようである。ビー玉を「魔女の城」にばらまいたのは初めてで、美化するともとれるが、母の病気を心配する現状を反映させる自我意識の散乱ともとれる。

#9　5月17日　「先週は、私の誕生日だったの」、デイジーはもう11歳である。彼女が自分の話をすることができるので、Thは嬉しく、〈おめでとう〉を連発する。

　濡れた砂箱で、砂を型に入れて熱心に遊ぶ。そこで5つ砂の城を上手に作った。慣れた手つきで、機敏である（写真D-15）。

それを作り終わり、「じゃあ、ビー玉で遊ぼうか？」ということで、二人で床に座って、色分けして、ビー玉を撒く。彼女は上手にやり、いつものように全勝である。Thがいつも負けるので、気の毒に思ったのか、デイジーは私の座っているところが悪いのかも知れないと思ったらしく、公平にするために場所を交替することを提案してくれる。「ここでやってみて」と言う。そこで交替して、しばらく試みるが、そこでもThは負けてしまう。そこで彼女は吐息をつき、二人で顔を見合わせて笑う。デイジーは小首をかしげて、どうしたものかと思っている様子。Thは彼女の親切に〈ありがとう〉と言う。
　〈あと2分よ〉と告げると、「わかった」と言って、乾いた砂箱に魔女の城を置いて、箱の右上の隅に丘を作りアニメの小怪獣、ピカチュウを置く。「このピカチュウについてはあんまり知らないけれど、電光があって、パワーがある」と言う。撮影のために用意して、彼女はピカチュウの後ろに顔を寄せて、写真を撮るように合図する。それから、ピカチュウを砂の城の真ん中に移動させて、そこでもう1枚撮影。彼女も今日は輝いている（**写真D-16**）。Thはこれから、あと2～3回でセッションが終わりになると告げる。

D-16
口絵参照

　印象　　今日は新しい要素が加わっている、砂の城のグループ、ピカチュウ、それからThとのやり取りも、平等である。彼女は彼女なりに不器用

なThと遊んでくれているのである。どうしたらこの問題を解決できるかと工夫してくれた。

#10　5月24日　　教室へデイジーを誘いに行くと、さっと立ち上がって箱庭にやって来る。

　プレイルームに来ると、すぐに「水を汲みに行ってくる」とはっきりした口調で言う。そして部屋を出て、洗面所で水を汲む。こんなふうに自己主張をするのは珍しい。

　濡れた砂を準備する。二人で地面をスムーズにする。彼女は砂の城を2つ作る。今日は手許が素早く、いいタイミングで上手に城を作る。

　それから、残りの砂を集めて島らしきものを作ろうとするが、それを手早く再び平たくする。「ビー玉をやりたい？」〈いいえ、ビー玉はしたくない。それより、デイジーが島を作り終わったほうがいいと思う〉と言う。（Thは気持ちのいらつきを一瞬感じ、「いいえ」と対応するが、この「いいえ」を彼女がどう受けるか、受けきれるかどうか分からなかった。）「わかった、じゃ、恐竜を持ってきて」とハッキリした口調でちょっと乱暴に答える。

　Thが、恐竜を大小取り混ぜて持ってきて、彼女に手渡すと、1つのグループは小さい恐竜、もう1つのほうは大きい恐竜と2つに分け、それをお互いが

D-17

事例D　デイジー　3人の魔女の城って何？　　115

向き合うように列を作り、手前に大きいほう、向こう側に小さいほうを並べる。それらは、戦うところだろうか。ピカチュウが、その向き合う恐竜の真ん中にやって来る。「ピカチュウのダブルチーム」と言うが、説明はない（写真D-17は正面から、D-18は左横から）。

D-18

（この「ダブルチーム」がどういう意味か分からなかったが、尋ねるのはやめた。とにかく、このグループは対立しているようである。）それから、残り時間5分をビー玉をして遊んだ。彼女がゲームで圧勝した。

「どうして、朝の時間に私を連れに来てくれなかったの？」と突然言った。Thはデイジーに詫びながら、Thのスケジュールのことを話した。

印象　　彼女の気持ちのうえでも、しっかりと毎週のスケジュールに箱庭が入っているのが感じられる。それに、やり取りの具合から見て、コネクションがしっかりしてきているので、彼女はThに自己主張することができたのだと思う。そして、二人がいい遊び相手になっていると思う。
　　　　しかし、今日の新しい要素として、感情面に大きなシフトがあったように感じられた。Thの〈いいえ〉が、彼女の遊びの方向を変えたようだが、どうだろうか。彼女は魔女の城を作らずに、砂の城だけを

作って終わる。Thが驚いたのは、彼女が命令口調で恐竜を取ってくるように言った態度である。明らかに怒りを感じさせる向き直った態度であるが、そこで行動化はなされない。彼女の問題行動の「乱暴する」がThの思いをよぎる。ここでは、象徴的表現のみで、しかも、〈何か大事なことが起こったぞ〉という実感がする。

#11　6月1日　　教室では、デイジーはしっかり勉強している様子であった。プレイルームでは的当てをする。いいスコアをとろうとして、頑張っている。

　それから、砂の中に手を入れて、リラックスする。そして、大きなハートを描いて、ガラスのビーズを探す。ビーズをハートのアウトラインに丁寧にはめ込んでいく。Thはビーズやビー玉を探す手伝いをする。ピンクのハートも見つかる。デイジーはそれを中央に置く（写真D-19）。

　Thは〈きれいだね！〉と感激して、嬉しい。それを終えてから、また、的当てをする。

　彼女は濡れた砂箱に行って、「濡れた砂で作ってほしい？」と言うので〈濡れた砂でやりたいの？〉と聞き返す。（Thは彼女が濡れた砂でハートを描くと言っているのかと思って、）〈それはいい考えだね〉と応じる。

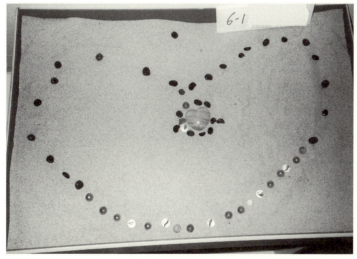

D-19

すると、彼女は砂を中央に盛り上げ始める。そこに、高い高い山を作って、周囲をホウキで掃き、ブルーがきっかりと対照的に見える。「青い海」〈そして、これが島〉「この天辺にピカチュウを置こう。それから、人が要るね」と言いつつ、山の頂上から順々に山裾に向かってマーメイド、跪いて祈っている男の子と女の子、赤頭巾ちゃんを置く（写真D-20）。

D-20
口絵参照

　「狼ある？」と尋ねる。それで、それを見つけてあげる。その狼を次に置き、3人の騎士と山の裾野で土を運ぶ一輪車を押している女の人。それから、裾野の少し離れた所にギフトを捧げている女の人を置いて終わる。この人々は頂上から渦巻き状に裾野まで置かれている（写真D-21）。
　デイジーがこれを作っている間、Thはかたずをのみながら制作の下働きをし、これが今までの仕事のなかで一番興味深くインパクトのあるものだと感じた。それから、角度を変えて写真を何枚か撮った。それから、二人で今までやった写真を見る。彼女が欲しいものを選んだ。
　残りの時間を彼女は的当てをし、的に的中して満足気に遊びを終える。そして、彼女は澄まして、すっと、でも嬉しそうに元気いっぱいで廊下に出た。

D-21

印象　　これほど、びっくりさせられた箱庭はないと言いたいほどの仕事である。こんなに何かが動く時があるんだ！　と感激である。
　　　　彼女のデイトリートメントのセラピストの週ごとの記録によれば、デイジーは5月に入ってから毎週、問題行動がみられず、指示に即、対応でき、学級での勉強に集中できていると示されている。これは、過去3年間のセラピストの記録を調べてみて、一度も記述されなかった変化であることを知った。

2 デイジーの箱庭経験

デイジーの箱庭のプロセスを、テーマを追って検討すると以下のようである。

1 表現されたテーマの象徴的な経験の意味
(1)「海底の貝」と「魔女の城」について
　＃1の箱庭で、デイジーはまず、「海底の貝」――未分化な対立のまったくない世界を制作し、それと並行して「魔女の城」が登場する。
　＃2では、海底から発展して「海辺と陸」に分かれるところまで来るが、そ

の中央にパラソル（マンダラ）があり、「母子」が隣同士に並んで3組あるところから、母子の分離以前の一体性の状態が強調されているようである。そして再び魔女の城が作られる。この城は合計11回のセッション中、#3、#10、#11を除いて各回に登場しているため、彼女の心的エネルギーの行き場を示す中心的なイメージであると思われる。

　これはやはり自己のアイデンティティ、自我－自己の関連軸を示している中心性の元型であろう。しかし、魔女ゆえにネガティヴな印象を受け、城はそれらの住処である。ヘンゼルとグレーテルのお話を例ににとると（von Franz, 1972)、魔女はお菓子の家に住んで飢えた迷い子を誘い込むが、子どもを喰う習性がある。ここで2人の子どもたちは魔女と生死の一戦を交え、魔女を出し抜いて殺し、無事帰途につく。心の発達、個性化の過程にとっては、魔女は明暗の両面性を持つ興味深い存在である。

　デイジーの場合には魔女たちは野菜や花を作り、台所で料理をしたり生成に精出して、建設的な女性性の活動をしている反面、何か現在の自我のありようを阻む暗い性質を持っているように思われる。

(2)「魔女」について

　もう少し、拡充してみよう。

　まず、魔女を自然に親しむ元型的な老賢者としてみると、どうであろうか。

　例えば、ロシア民話「美しいバシリサ」にある魔女バーバ・ヤガーなどはその域を脱して、セルフのイメージとして、明暗、生成と破壊の力を兼ね備えている。森、すなわち無意識内に棲息して、自然の秩序を動かし、規範を守り、近づく人間はそれを心得ておかねば彼女に容赦なく破滅されてしまう。魔女は、女性のイニシエーション（例えば、恐ろしい魔女から灯を授かるための旅など）、影との戦い、その同化作業として、個性化の過程に欠かせない要素である。このテーマは、英雄（ヒーロー／ヒロイン）のプロセスに匹敵すると考える。

　このように魔女の両性的な性質に注目すると、「魔女の城」はデイジーの日常生活、乱暴で、孤立しており、多動で注意力散漫である臨床像と深い関係－相補的な関係を持っていることが明らかになる。3人の魔女が繰り返し登場して「3」が強調されているところから、動的、積極的な男性性、アニムスの発達を示唆している。アニムスは女性の心性の中にある意志の力、言葉の能力、精神性そして叡智を発達させ、活き活きさせる機能と言える。

　城のテーマに注目すると、デイジーはここで新しい試みとして、砂の城を鋳

型を使って作成している。これは創造の始まりに似て、感覚運動的、幼児的な遊びで始まり、#10では複数の砂の城をタイミングよい動きで作るまでに上達する。そして#11では、砂の城の代わりに手製の山が作られる。魔女の城が#10、#11には登場していないことから、魔女の城のテーマが最終回で画期的な造形、手製の砂山に取って代わったと考えられる。

(3) 魔女の城から巨大な砂山への移行

ノイマンは、人の空想は、願望充足の機能のためではなく、人生への適応のための予想やそれを見越して準備する形態であるとしている。そして、その空想を実現する能力のあるなしが、その人が健康か否かを決定すると言う(Neumann, 1973, p.144)。

この砂山の一連の人物を見てみると、いかにもこれからの発達、個性化の過程を予測して、それを準備するかのように集められた感じがある。頂上のピカチュウは人間ではなく、雷光で、スピリットそのものを示しているのであろうか。アニメのポピュラーな存在で、人間を助けたり、また助けられたりする、人間に友好的な小さい怪獣である。それが頭部にあたるところにいることから推して、「頭部の自我」の兆しとも、アニムス、インスピレーションとも理解されよう。この配置は順序立てられている。

ノイマンの発達段階と照らしてみると、ファリック－土性＝身体の自我らしく、無意識からの自我の自立へ向かっている。マジック－ファリック段階の自我形成で、いままで隠れていたか、または散乱していた自我の部分が、スピリットのもとに結合されてきた様相を見るようである。この時点ではまだ物語は始まっていない。物語以前の静寂ではあるが、胎動は感じられている。大きなハート、愛との関わりの中で生まれ出ようとしているように感じる。エロスとロゴスの１対のイメージである。

② ２人でするゲーム――的当てやビー玉遊びなど

これは、箱庭の中の「母と幼児」のテーマと関係するかも知れないが、情緒的で言葉以前の絆づくり、愛着関係を指している遊びと考える。ほとんど毎回、このゲームが繰り返されているのが特徴である。じゃれ合ったりする遊びに的当ての要素を加え、ゲームに近づけたような単純な繰り返しであるが、やはり、感覚運動に加えてゲームの持つ集中力、ルールもある勝負、といった自我の発達を促す遊びであろう。

③ その他

　デイジーの遊びの特徴は何と言っても多動で、2つ3つのテーマを同時並行で行き来しながら、仕事をすることである。それらの遊びはゲーム、造形的遊び（砂の城作り）、それと象徴的な遊びである。象徴的な遊びには魔女の城とかロマンスとかも含まれているが「誰々がここにいます」「何々をしています」といったテーマの説明で、この場に問題提起とかコンフリクトがない状態で、物語以前の遊びである。

　印象的だったのは、くまのプーさんたちのピクニックで、楽しく友だちと食べたり、遊んだりして一緒に過ごすままごと遊びである。ここでも何のコンフリクトもない。この年齢の男児が戦いをするのと対照的で、女児らしい和やかな遊びと思われる。

　その二重三重の遊びを通して最終回には、「ハートと山」でデイジーの心の発達とエネルギーの結集が表現され、その様子が観察できたのである。

3 デイジーの治療経験と箱庭療法の効果

　デイジーは母子関係に心的外傷経験があり、4年間、叔母のところに預けられて、他の里子たちと生活する。彼女は小学校に入ってから教室では多動で、先生の指示に従わず、また、友だちもできないことが考慮されて、特殊学級に編入された。Thが箱庭に誘いに行った当初、デイジーは文字通りの多動児で、時間中に立ち歩いたり、他の生徒の邪魔をしたりしているのが目についた。しかし、1対1で、プレイルームにいるときは、協力的で遊びを好きなように工夫してやっているのが、彼女の教室の行動と対照的で印象に残る。もちろん多動は変わらず、Thはそれを抱える作業に悩まされることになる。

　遊びでは、彼女は主体的にリードしている。遊びのテーマは母子関係、愛着を表すものが度々現れ、#1にも#2にもそれがあり、#3にはハートも出てくる。思春期前期の感じもあり、依存と分離の領域を揺らいでいるところや男の子に関心を示し始めていること、オシャレなところなど、ちょうどその過渡期にいるところであろうか。それをうまく乗り越えるためには、幼児期に失った愛着関係の基盤を彼女は補修、挽回しなければならない。箱庭の遊びは、そんな彼女に2回目のチャンスを与えることになったようである。

#6で教室に迎えに行ったときに、Thはいつもになくシャキッとして、何かに熱中している彼女に出会った。#7には、いつもの遊びの後で短時間であるが自分でやりたいことがあって、さっとそれを成就する。その遊びが#1の遊びを彼女に想起させているのに、Thは治療関係の深まっているのを感じた。
　実は、Thはこのあたりで治療中に方向性を見失って、混乱している自分を経験していて、何かの兆しを求めていたと思う。
　#9では、彼女がThを思いやって、Thのゲームの負け続きに対する対処法を考えてくれる。特に友だちのできない彼女のことなので、この「思いやり」は大変嬉しいところである。そして、新しい要素、誰にも愛されるピカチュウの登場となる。
　#10には、デイジーの自己主張があって思い通りのものを作る。そして、デイジーとThとの間で一瞬の衝突があり、デイジーが優勢でまったく新しいテーマが登場する。分裂であって分離でないような対立。ちょうど細胞分裂が始まったところの、あのイメージである。分離と成長はこのまま行けば時間の問題という感じである。
　その後で、初めて彼女はThに対決する、というか「文句」を言う。「どうして、今朝、誘いに来なかったの？」というものである。デイジーは普段は午前中に来ることになっていたから。遊びが内なる世界だとすると、部屋の外でのやり取りは外界の出来事である。その２つの世界が並行しているところが面白い。
　最終回の#11には、まったく新しい箱庭の制作になる。この思いつきはいったい何処から発しているのかと不思議に思う。きらきらと輝く大きなハートは、ピンクのハートを内に抱いている。そして、それと並んで「成り成りて天に届く」といった巨大な造形がある。この内界のイメージに対応する外界の彼女はと言えば、乱暴はしなくなり、勉強に集中しているというのだから、本当に面白い。中心性と関係性がやっと納まるべきところに納まった感じである。
　この経過を経て、心理療法の成果としてデイジーの日常生活の変化、教室で勉強や課題に積極的に取り組む姿勢が出来ていて、ADHDが現状では影を潜めている。そして、乱暴だった問題行動のほうでも、喧嘩はすっかりみられなくなったと報告されている。
　デイジーは、箱庭を遊び終わっても、それについての話はなく、いわゆる言語による自己表現は得意ではない。ADDの障害を持つ者は神経科学的にみて、決断や思考などの機能に欠陥があると言われている。そして心理療法など

でその治療が有効であるためには、言語化が必要とされているが、箱庭療法の非言語的な治療過程において、デイジーの場合、その通例に反してADD的な問題行動が姿を消し、机に座って専念することができ始めていた。今後ADD/ADHDの心理療法に、箱庭を使った研究が期待されよう。

事例E ブルース
大おばあちゃんのお花畑を作ろう

ブルースは9歳のアフリカ系アメリカ人。

【個人および家族歴】父39歳、義母38歳、義弟3歳と同居している。実母の所には2〜3週ごとに泊まりに行く契約になっている。父親は長距離のトラックの運転手で、週に3〜4日留守になるので義母が面倒をみている。しかし、ブルースは義母と一緒にいることを苦にしており、その間は時に、曾祖母の所に泊まりに行くことにしているという。彼の6歳のときに、両親が離婚し、妹は母に、彼は父に引き取られた。これは彼の思いにそぐわないことで、母の所に月2回寝泊まりする条件を今も恨んでいる。父の再婚後、新しい家族には3歳になる男児があり、それに加えて、あと2〜3カ月で義母に赤ちゃんが産まれるという事態を控えている。父が在宅の折には「一緒に遊ぶ」という。彼の人に言えない悩みの1つは、この新しいメンバーの誕生によって、家族の中の彼自身の存在がますます危うくなるように感じられ、歓迎することができないでいることである。

1 箱庭療法の経験記録

#1 3月8日 教室に迎えに行くと喜んでやって来る。ブルースはほっそりした体格で一見おとなしい印象を受ける。Thはデモンストレーションをして、砂と箱のスペースをまず紹介し、次に玩具のある棚を見て回る。〈このスペースで何でも好きな遊びをしていいんだよ。いいとか悪いとか言うことはないから〉〈まず、砂に触って箱のスペースを覚えてから、遊ぶんだよ〉と説明をする。

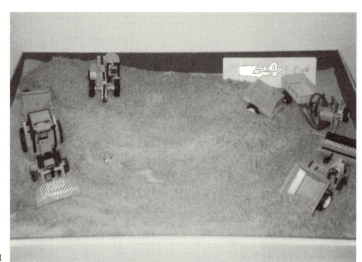

E-1

E-2

　ブルースは砂に手を入れてリラックスする。「わぁー、すごい感じがする！」と言う。Thが〈あなたの問題はなに？〉と尋ねると「人が邪魔をすると腹が立つんだ」と言う。
　そして、まず工事用のトラクターを出して、それで左の上方に山をつくり、スチームローラー3台で半円を描くようにして、そこを平坦にする。そこに2

つの道標を置いて「この印は、この下には穴がある、要注意！　って」（写真E-1）。

　玩具を片づけて遊ぶ。濡れた砂に戸惑いながら、そっと触ってそれからやおら両手で捏ね始める。案外、楽々と馴染んでいる感じ（写真E-2）。

　「ここへ、また来てもいいの？　ここでこんなことができるって知らなかった」と言う。〈お家では何して遊ぶの？〉と尋ねると「プレーステーションで遊ぶんだ」という返事である。

印象　　とても静かな内気そうな少年である。それに案外、感覚的で感情表現もできることが分かった。この初回の遊びで、ブルースは危険を示す警告を発している。「ここに穴がある、危険」という意味は何だろうと考えさせられる。彼の人柄に恐ろしいところがあることをThに知ってほしいということだろうか。それとも、うつ状態とか解離状態のポケットのあることを仄めかしているのか、彼との仕事を楽しみに思う。

#2　3月15日　　ブルースを迎えに行くと、今日は面白くない日だからクラスを抜けられて嬉しいと言う。

　まず、車を調べている。それから砂箱に行って、砂に触りながら「これをやるのを覚えていたね」と微笑む。Thが〈砂に触って箱のスペースを覚えてから、遊ぶんだよ〉と言ったことを指している。乾いた砂の表面を丁寧にスムーズにして、さらに濡れた砂のほうもスムーズにするが、それをシャベルで箱の底まで掘り起こす（写真E-3）。

　〈今日は良くない（面白くない）日だって言ったけど、どうしたの？〉「ウォールータイム（タイムアウトで立たされること）があったから」〈どうして、ウォールータイムになったの？〉「先生が僕が正しくやらなかったからって」。彼はそれ以上詳しく説明しなかったが、おそらく、先生の指示に従わなかったからであろう。ウォールタイムとは、罰で部屋の隅やタイムアウトの部屋に立たされることである。

　そして、これで終わりにしたいと言う。「これから体育の時間だから、昼食の前に僕を迎えに来てもらえない？」と彼ははっきりと注文をつけた。〈分かった。ちゃんと忘れないように記録しておくね〉と言って早く切り上げる。体

事例E　ブルース　大おばあちゃんのお花畑を作ろう

育の時間は彼にとって、一日で一番の楽しみな時間であるから、それを犠牲にしたくないと言う気持ちを大切にしたい。

E-3

印象　　この、時間の交渉には〈えっ、やるじゃない〉と感心させられる。
しかし、この率直さと正直さが、時には問題になることがあるのかも知れないとも思う。今日は短時間であることを本人は承知で来たようである。しかし、彼の時間なので、彼の思うようにできてよかったと思う。

#3　3月22日　　ブルースは箱庭遊びに来ることに抵抗はない。
まず、濡れた砂に触ってスムーズにして「これは、きっと〜になるよ」。それから25分間ほども、何か完全なものを探していた。彼はトラックを連結させようと、1つの車を手に取って、それに合うトレーラーを探す。次々と、合わせていくが、合うものがないらしく、ポイッと放り出しては次を探しに行く。

〈一緒に住んでいるのは、誰と誰？〉と尋ねると、「パパとステップマム（義母）と弟の3人。僕のママは妹と住んでいて、僕は1週間おきに泊まりに行くんだ。（父方の）おばあさんが近くに住んでいるので、そこへ毎週泊まりに行くんだ。

パパはトラックの運転手で数日帰ってこない。ステップマムといるのが嫌だから」とスラスラ話してくれる。
　「この車輪は完全じゃないよ」と言って、それを置く。「何にも見つからない（１つも完全なものがない）」と肩をすぼめてがっかりしている。
　〈ブルース、何かを見つけるのを手伝えるといいんだけど、みんな使い古されていて、完全なものがなくってごめんね〉と謝る。
　するとブルースは「いいよ、いいよ」とThを慰めてくれる。これは意外なことだと思う。気を取り直したように、ガラス玉やビー玉の入った丸い缶を取って砂箱の所に行く。「いい考えがある！」中味を左端にぶちまけて、空き缶で箱の中央に円い形をつける。それから、簡単にはできないことであるが、丁寧にその円の内側をスプーンで抉り出す。そこにビー玉を底からはめ込んでスペースを満たし、色ガラスで縁取って終わる（**写真E-4**）。〈これは、完全な円だね。この題は何とつけるかな？〉

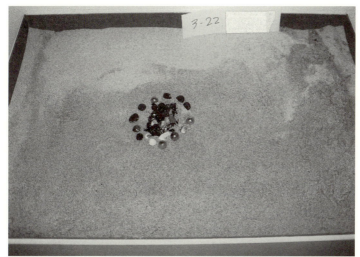

E-4

　一呼吸してから「宝物！　かな」と勝ち誇ったように言う。
　「昨日はね、パパと二人で自動車に乗っている夢を見たよ」と話してくれる。
　ブルースは疲れているようなノロノロした感じで、写真を撮ると言うと、当然のように自分も入ってポーズをとる。

事例E　ブルース　大おばあちゃんのお花畑を作ろう

印象　「宝物！　かな」と言ったブルースを見たとき、Thは内心〈やったぞ、箱庭！〉と嬉しさを隠せなかった。〈ブルース、よくやった〉と内心ほっとする。車を連結する遊びについて考えると、トラックの運転手である父親とのつながりを完全であると理想化しているのか、それゆえに、もしかすると現実との食い違いに関係が危ういと感じているのだろうか。夢では、父親と共にいることを知らせている。

　彼の融通のきかない頑固な性分は、おそらく幼児期におけるネグレクトや父母の暴力沙汰に曝されて育ったところから来る、生存のための防衛、元型的防衛そのものであろうか。だから、このマンダラのネガティヴな側面は護りの裏面、砦のイメージであるとも考えられる。このマンダラが護りとして必要であって、それでいて、それが城塞のように子どもの成長力を捕虜にしている可能性があるとも考えられる。それゆえ、ブルースの今後の成長と社会適応の可能性は、このマンダラ「宝物」がどのように展開するか、また、しないかで判断できそうである。

　この時点での治療関係はどうかと考えると、夢を語ったりする自発的な言動があることから推して、つながりはうまく持てそうである。

＃4　3月29日　ブルースはタイムアウトの部屋にいたが、担任はもう出てこられる頃だと思うと言ってくれる。それにブルースは箱庭に行きたいと意思表示をしていて、Thが部屋をのぞくと、機嫌よくそこから出てくる。担任はプレイルームまで彼をエスコートしてくれる。

　ブルースは、今日は大変元気な様子である。

　「今日は何がしたいか、ちゃんと分かっているんだ。シャベルある？」シャベルで右手前の隅を掘り始める。そこへ、クレーンとトラクターを置く。水をクレーンの土台にかけて、周りの砂を固めてクレーンを固定させようとする（写真なし）。

　「僕は、ここに1時間いてもいいの？」〈30分だよ〉

　ブルースはスーパーマンやオズの魔法使いのブリキの男、そして城などを膝の上に置いていろいろ試している。「小さい人間ある？」と城に入る人を探している。〈あるよ〉と言って2種類の人形を出してみせるが、彼は膝の上のものをそのまま棚に戻す。

〈家ではどんな遊びをするの？〉「僕は一人で玉突きをしている。近所のケニーが来ると二人で外で遊ぶんだ」と言う。Thはブルースがどんなときにタイムアウトの部屋に行かされるのか尋ねてみる。〈タイムアウトの部屋には、たびたび行くの？〉「ううん、そんなに頻繁じゃないよ。イライラして腹が立ったの。僕のステップマザーは『すぐに反応するな』って言ってくれるけど、僕はすぐに感情的になるんだ」。

〈どんなときに腹を立てるの？〉「からかわれたり、邪魔されると腹を立ててしまう」〈そうか、ブルースはすぐに反応しないことを身につけるんだね。いまは、それがなかなかむずかしい〉

ブルースは赤いトラクターと黄色のトレーラーを見つけて「これとこれがつながるんだ」と試みるができないようで、棚に戻す。

「あと、どれだけ時間があるの？」〈あと、5分あるよ〉と告げる。

「それじゃ、この辺を片づける時間はあるね」ホウキを取り上げて、箱の外にこぼれている砂を掃き集める。「はい、できたぞ（やったあ）」と言う。〈制限時間いっぱい〉と言うと「もうちょっと」と言うが「有り難う」と丁寧に挨拶し、あっさりと部屋を出る。

印象　　ブルースが礼儀正しく、落ち着いた様子で教室に帰っていったのが印象的であった。彼の遊びのテーマは2つの関連のあるものを「つなぐ」ことであるが、いまのところそれは成就していない。それと土台を「固める」ことで、建造物、道具を固定させる。心理的にみれば、すぐに反応しないような"grounding"、足が地に着いていることを意味していると考えられる。

#5　4月6日　　ブルースは乾いた砂にゆっくり手を入れてリラックスする。「今日は、すごくクールなやつを作るぞ。この前、写真を撮っていたよね」〈ええ、撮ったよ〉ブルースは砂を動かしたり、ホウキで掃きならしたりする。中央に以前と同じように円の中にビー玉を入れて、色ガラスで縁取る。〈何て美しい場所なの。ここは何処だろうね？〉ブルースは何かを探している様子で、返事はない。引き出しなどを開け閉めしている。そして、ゲームのチップを見つけ「あー、これでやろう」と言いながら、チップを1つずつ丁寧に中心から外へ向けて円を描いていく。途中で線を修正しながら。「僕

は何でもグチャグチャにするのは好きじゃないんだ」やがて、円が螺旋に変わって行く。Thは何も手伝う必要がなかった。彼は顔をほころばせて、大きく微笑んでいる（写真E-5）。

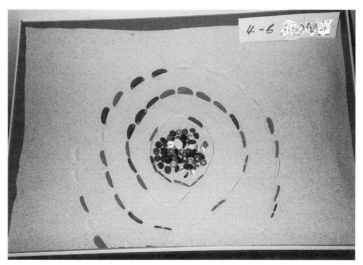

E-5

印象　　この螺旋状の広がりを見ながら、Thは胸が高鳴るのを感じた。硬い殻、硬い塊からエネルギーが広がっていく。そのマンダラの息吹きに感動した。
　その週末、Thは台所で用事をしていて、理由もなく微笑んでいる自分に気づいた。この子どもたちも、もしかしたら何となく幸せな気持ちに満ちて微笑んでいるのだろうかと思った。
　もう1つ考えることは、写真を撮ることについてである。子どもたちにこれがどう影響しているかを観察してみたいと思う。ここでは、子どもたちはThの関心に応じているが、自意識過剰とも見えない。

#6 4月13日　「同じだけど、同じでないものを作ろう」。
　ブルースを迎えに行くと「いま、グループセラピストが来るので、箱庭には行けない」と、憂うつそうで意固地な口調で言った。Thは、〈また、後で迎えに来るから心配なく〉と告げた。のちほど迎えに行くと、箱庭

へ行く心準備はできていたらしく、彼は待っていた。プレイルームへ行く道すがら、ブルースは「さっきは、箱庭に行きたくないと言ってごめんなさい」とThに詫びた。結局、グループセラピストは来なかったそうである。彼は、箱庭に行かないと言った事情をThによく理解してもらいたい、「箱庭が嫌いで言ったのではないんだ」と繰り返した。Thは彼がわれわれ二人の関係を心配して、誤解を招かないように言っていることがよく分かったので、その旨、彼に伝え、彼の気持ちに感謝した。

　ブルースはゆっくりと砂に触り、楽しんでいる様子であった。

　そして、話し始める。「僕には、おお、おお、大おばあさんが２人いるんだ。おばあさんは庭を持っていて、そこには綺麗なものがいっぱいある。父の曾祖母が亡くなったんだ。僕の大曾祖母に当たる人だよ」。Thは彼がグレートマザーのことを言っているように思えて、興味深く聞いた。

　「僕は今日は、同じだけど同じでないやつを作ろう」と言って、ビー玉を先週と同じ方法で用意し、それに赤、青、白のチップでグルグルと中心を渦巻き状に囲んでいった。それは先週のように広がるのでなく間隔が狭く絞られた感じである。それをやる間、彼は実母の話をした。

　「ママはパパが何もしないのに口汚く罵ったりする。いったいママはどうしたんだろう。でも、僕はママの味方にもパパの味方にもならない。僕は僕の味方になる」それから義母の話になる。「ステップマザーは僕にいろいろ買ってくれる。彼女は僕にもパパにも意地悪なことは、ぜんぜんしない。パパも意地悪はしないよ。僕は、古い恨みを忘れて、ステップマザーに感謝すべきだと思うんだけど、まだ、一度も感謝したことがないんだ。まだ、それが言えない。おまえの年頃の子どもは、時にはパパやママから親切にされないことがあるって、パパに最近言われたことがある。僕には、本当に僕の身になって世話をしてくれる両親がいるんだ」「僕の両親は僕が６歳のときに離婚したんだ」彼が円を書き終わる頃に、一房の葡萄を見つけ、それを円の真ん中上部に置いた（写真E-6）。

　Thはそこで写真を撮った。あとまだ10分ほど時間がある。

　「僕はここへ来るのが好きだよ、面白い」と言う。それから、少しの間、花などを集めていたが、これは写真に撮らないでと言う。とても、元気に部屋を去った。

E-6
口絵参照

印象　Thは温かい感じが泉のように溢れる経験をし始める。このリサーチの対象である2〜3の子どもたちの箱庭のセッションが、Thの日常生活に影響を及ぼし始めているのではないかと感じる。

　新しい要素、葡萄の房について考えてみる。中央に集められたビー玉はバラバラであるが、この房はそれらの粒を命でつないでいる。1つの茎で房全体を摘み上げることができる。

　これを心理的かつ象徴的に考えるなら、彼の心の中で、つながりのある、纏まりのあるものがこの円と螺旋の動きの容れ物の中で生まれてきている。ちりぢりの考えや感情が、生きたつながりを持ち始めているということは、硬い防衛の殻がなくなっても、中味がバラバラにならないということであろうか。命あるものが徐々に拡張と収縮を繰り返して、そこに何ものかが形成されていく、何とすごいイメージであろう。

#7　4月27日　ブルースは歌を口ずさんでいる。
「トラブル、トラブル、トラブル、もし、先生が家に電話すれば、僕は叱られる！」と歌っている。
　濡れた砂を丁寧にならして、赤と白の大きな花や葡萄を中央に植え込んでい

く。そして、根っこの辺りに例のチップを埋め込んで囲んでいく（**写真E-7**）。〈この緑の葉っぱはどうなの？〉とThは提案してみる。「だめだめ、それじゃだめだ（足りないらしい）」とはっきりと答える。終わると丁寧に表面をスムーズにする。その間も「トラブル（やばい）、トラブル、トラブル」と歌い続けている。

E-7

　〈この頃はタイムアウトは何回ぐらいなの？〉「しばしば」〈どうして？〉『ビー言葉（汚言）』〈ビー言葉って？　言ってみてよ、どんなんだか〉「ビー言葉？嫌だ！」と強く拒否する。
　〈トラブル、トラブルって歌っているけれど、どうなるの？　家に連絡が行くと〉「先生が連絡すると鞭で打たれる」〈誰が打つの？〉「パパが打つんだ」〈お父さん、ブルースを鞭で打つのはいけないことだって知っているかな？〉「知っていると思うよ。でも、もしかしたら、知らないかも知れない」
　〈鞭で打たれては困るから、ビー言葉は使わないでほしいね〉
　〈まだ、だいぶ時間があるけど、もっと遊ぶ？〉
　「橋ある？　ああ、いいよ。この箱を使うから」と言って建設工事用の車を集める。「この車は砂に入れるべきじゃないね。床で遊ぼう」とトラクターをいろいろつなげてみるが、やがて、箱に戻って砂に触る（**写真E-8**）。

事例E　ブルース　大おばあちゃんのお花畑を作ろう　　135

「やあ、底なし沼（流砂）」と言って、乾いた砂をその濡れた砂の風景にかけて、地面をどんどん叩く。「見て、どんなに固くなったか。これはコンクリートだよ」。乾いた砂を泥沼の所へ持ってきて、地面を固める。彼はこれを真面目に、真剣にやっている。そして、とても満足そうな面持ちで部屋を出た。

E-8

印象　　この花畑はびっくりするほど大胆で美しい。これがグレートマザーの花畑なんだとその勢いの良さに感激する。いままでのマンダラが開花するところまで来たようである。しかし、日常の困難さに対応するだけの力がつくところまでは行っていない。学校での問題行動とセッションでの話から推して、家庭での生活が彼にとって大変むずかしいと察せられる。

#8　5月3日　　ブルースは体育館で遊んでいた。「いまは行きたくないよ」〈じゃあ、後で迎えに来ようか？〉担任の先生はブルースを促してくれる。それで、しぶしぶ、噴水で水を飲んでから腰をあげた。Thはこの時間が彼にとって一番息抜きのできる、待ちどおしい時であるのを承知している。ブルースが体育館を出る寸前に、バスケットボールをシュートすると、それが入った！　Thはその瞬間の彼の得意な表情を目撃できて幸いに思う。
〈週末はどうだった？〉「つまらなかった」

プレイルームに入ると、彼はさっそく砂箱の様子を見て「誰かここをグチャグチャに使ったぞ」と言って、熊手でならし始める。Thは今までの写真が出来たのでそれを見せる。
　「僕の作ったのは、醜いね」〈ブルースの作った箱庭は美しいよ。誰も真似ができないよ。ブルースが自分の気持ちをうまく表現できる子だと、私は感心しているの〉
　棚の所で、車を見ている。「僕はすごい車を持っているんだよ。見たい？」〈ええ、見せてちょうだい〉「来週見せてあげる、僕のはスーパー完全だよ。何かして、遊ぶ？」〈そうだね、遊ぼう〉。ブルースは「見ないで」と言って、ビー玉を砂箱に隠した。Thはイナイイナイバアをするんだなと思う。
　「3回で当てるんだよ」〈見つからないよ〉「じゃ。降参？」〈オーケー、降参〉。Thの隠す番。ブルースはすぐに見つける。次はThの捜す番。それで彼の隠しそうな所、完全にスムーズになっている所を捜す。予想通り、的中。こうして数回当てっこをする。次にブルースはレゴの容れ物を物色していたが、完全にマッチするものが見つからない。
　「これはバラバラでだめだ」と言って放り出す。そこで彼はレゴのピースを壁に当ててバケツに入れるゲームを思いついて、交代でやる。二人はぴったり意気投合して上手くバケツに入れるので、実に愉快。「もう、時間？」〈あと4分あるよ〉「僕のステップマザーがサマースクールに申し込んでくれたので、夏に学校に来るよ」と報告する。〈そしたら、また、サンドプレーに来てくれるといいね〉「うん」。

印象　写真で見る作品を通して、ブルースは再び自分の作品を客体視する機会を持つ。しかし、ブルースの自己のイメージは否定的であり、自己評価は低い。Thからの肯定的なフィードバックは容易に取り入れられないことが分かる。
　彼はここでも完全癖からくる葛藤を繰り返し経験している。ピッタリと合うものが見つからない、2つの物がつながらないため、相当な苛立ちを感じているが、その状態を脱する瞬間が来る。彼はその同じ材料を使って新しい遊び、「バラバラの部分を1つの容れ物に入れる」を工夫する。彼が工夫した遊びを通してThが体験したのは、二人が意気投合している、ぴったりつながっている状態である。心理的にみ

れば、遊びの活動を通して2つの部分が結合し、新しい関係、ぴったりの感じ、一体性を感じさせる関係を築いたと考えられる。

#9 5月10日　Thの顔を見るなり、ブルースは「僕が月曜日に欠席していたこと知っていた？」と尋ねる。〈いいえ、知らなかったよ。どうしたの？〉「医者へ行ったんだ。目に何かが入っていたんだ」。Thは彼のThへの全能性の期待がここで読み取れたように思う。

箱の中の砂を動かす。それから、床に座ってレールをつなごうとするが、完全にマッチしない。積み木セットを見て、台所を作ろうとするが完全にマッチしないので、完成させることができない。

「僕が作ろうとするものはみんなそろっていないか、壊れている」〈本当に、がっかりだね。今日は玩具がそろっていなくてごめんね〉と謝る。ブルースは憂うつそうな顔つきをしている。ズボンも今日はベルトなしで着ている。時間になり、Thも憂うつに感じる。

印象　いつものことながら、玩具が完全でないので気の毒に思う。彼にとって、物がきちっとそろっていないと、気分を害するし、時には立ち直りが難しい。でも、前回のように、建設的に脱出することもある。彼の融通の利かなさ、傷つきやすさが表れている。元のままの完全なつながりを求めて、それを繰り返し試みては、今日はそれが得られず憂うつにならざるを得ない状態である。彼の日常生活のイメージだと思われる。

#10 5月17日　教室に迎えに行くと、ブルースは1人で教室に居残っていた。

担任の助手はブルースが今朝はむずかって、クラスの行事に出ないと頑固に拒否していると説明してくれる。

ブルースはプレイルームに来ると、椅子に腰を下ろしてしまう。「遊びたくない」とクシャクシャした表情で言う。

〈今朝は、何か気に障っているようだけど、どうしたの？〉と尋ねると、「さあ、知らないよ」とむくれている。

〈今朝はどんなふうに始まったのか、思い出してちょうだい〉と起床の時か

ら順序立てて、気分が何処で一変したのかを探っていくことにする。
　「ステップマザーが、このズボンをはいていくように言ったんだ。僕は他のズボンをはきたかったのに。僕が何を着るかなんて、指図しないでほしい。僕は自分で何が着たいか分かっているんだから。それにパパはステップマザーの肩をもつんだ」
　〈そうか、お母さんはブルースの言い分を聞いてくれなかったんだね。それにお父さんもお母さんの肩をもって、ブルースの味方になってくれない〉「そうだよ」〈ブルース、知っていると思うけど、Thはね、君の味方だからね〉彼は頷く。〈私はいつもブルースの言うことを大切に思っているからね。あなたは、いったんこうと決めると、他の人が『そうじゃない』と言っても、そう簡単に変えることができない。それで、爆発するとか怒るとかするんでしょう？〉「そうだ、そうだ」〈お母さんに手紙を書いてあげようか？〉「僕が言うから、いい」と言う。〈それは、とてもいい。お母さんはそれを聞いて喜ばれると思うよ。もうすぐ赤ちゃんが産まれて、忙しくなるんだから〉。
　彼は立ち上がって、棚から汽車を取り上げて、つなげる。パーフェクトマッチである！
　〈ほうら、ブルースはいつもそんなふうにパーフェクトマッチを探しているんだから。パーフェクトでないもので遊ぶことは、できないんだよね。そういうことに、気づいたよ〉「この汽車は誰のもの？」〈ここのものだよ〉。
　「僕は怒ると一日中怒っている。だから、今日もそうだろう」
　〈サンドプレーはね、ここで怒りとかフラストレーションとかを出せるんだよ。戦争ごっことかしてね〉
　「ステップマザーは６月に赤ちゃんが産まれるんだ」〈ブルースは、どう思っているの？〉「僕は好きじゃない。まったく、嫌なこった」。彼は今日は鼻をグズグズ言わせていたが、立ち上がって「じゃあ、今日はこれまでにしよう」と言う。〈気分がすぐれなくって、残念だね〉。
　部屋を出ながら、「ここへ来ると、つまらなくないよ（not boring）。面白いけど、今日は気分がよくないんだ」〈親切に説明してくれてありがとう。早く、元気になってね〉。

印象	今日は少し話し合いができて嬉しい。彼は自己主張もできているし、自分の日常生活についての洞察も少しあることが分かる。

事例E　ブルース　大おばあちゃんのお花畑を作ろう

#11 5月24日　ブルースは、クラスメートに大声で怒鳴っている。その子は、ブルースが担任に告げ口をしたので腹を立てている。担任は、ブルースにプレイに行くように促してくれる。

　彼は部屋に入るなり新しい玩具を見つける。「スクールバス！　わぉー。これ、いくらした？　僕に１つ買ってきて、お金はちゃんと払うから」。バスを隅々まで点検している。お小遣いは、部屋の片づけや家の周りの掃除をして、１週間に10ドルもらっていると話す。

　〈バスのことは考えておくね。他の子どもたちにも同じにできるかどうかっていうこともあるから〉ブルースは嬉しそうにバスで遊んでいる。「僕はスクールバスが好きなんだ。運転手のハリーさんも」。スマイルが絶えない。それから、Thと二人で、バス２台を衝突させたりして遊ぶ。「このバスを砂箱に入れないで。砂が入ると動かなくなるから。新しい玩具を買ってくれてありがとう。よかった」そして、壁に掛けられた新しい的当てのボードに気づいて、また歓声をあげる。

　それから、彼と実母について話す。「お母さんには２週間前に会ったよ。元気だった」〈ブルースは、お母さんが２人いて困るって言ってたね〉「そう」。ここで彼はハッとしたように喜びの表情。「ステップマザーが本当のお母さんになろうとしているんだ」〈本当のお母さんはいつもブルースのお母さんなんだから、２人いてくれてラッキーじゃないの？〉「ちっともラッキーじゃない」〈ステップマザーに着るもののこと話したの？〉「したよ。そしたら、自分で決められるんだったら、とってもいいことだって。どうして、それを早く言わなかったのかって、言われた」〈そう、お話を聞いてくれたのね〉。

　〈それで、赤ちゃんはいつ産まれる予定？〉「あと、１週間」。残りの時間を的当てして、二人で点数を競った。ブルースは来週はレゴをしようと言って、元気よくスキップしながら部屋を出る。

#12 6月1日　ブルースは今朝、タイムアウトの部屋に入っている。助手は、４回も朝から爆発している彼をどうしたものかと案じている。プレイルームに来ると、ブルースの暗い表情が一変し、笑顔になる。彼のお気に入りのバスを見ているが、まず、的当てをしばらくする。

　砂箱の表面をきれいにして、丁字形の道が出来る。バスがやって来て、ドアが開き、子どもが乗り込んで、ドアが閉まる。ブルースは珍しく音響効果を入

れながら遊んでいる。それから、家を2軒、通りの両側に置く（**写真E-9**）。バスは行き来している。たまたま、もう1つのトレーに大きな山が箱の真ん中に残されている。「おお、あそこはもっとバスの走るスペースがあるぞ」と言って、家とバスを移動させ、もう1軒家を加える。バスは停車したり、グルグル回ったりしている（**写真E-10**）。

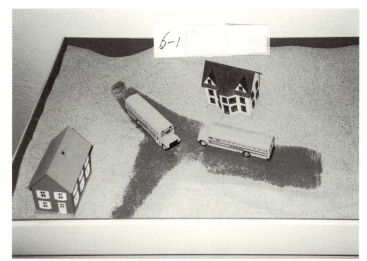

E-9

E-10
口絵参照

事例E　ブルース　大おばあちゃんのお花畑を作ろう　　141

ブルースは、このバスがいくらだったかを尋ね、自分にも買ってきてほしいと頼む。Thは近いうちにお店にあるかどうか行ってみようと言う。ブルースは大変満足そうに最後の出来上がりを見ている。
　今日は最後の日で、いったん、うち切りになることを話した。彼は夏にまたやって来ると話して行く。

| 印象 | 　広いスペースを見つけると、素早く臨機応変の行動をとっていて、頑なさが少し和らいだように感じられる。
　ここでは丁字路から砂山といった中心性シンボルが平面と立体とで表されている。カルフの社会適応の段階を仄めかすような印象を受ける。初めの閉ざされた、しかし、感動的な美しいマンダラと比べると、動きもあり、日常生活の場が演出されて、目的が明確に示され、意識の世界に取り入れられている気配がうかがわれる。
　「つなげる──パーフェクトマッチ」のテーマがここでは2台のバスが2軒、3軒の家並みのある道を行き来して「つなげる」ことに切り替えられているのが興味深い。しかし、新しいバス2台がパーフェクトマッチであったから、機能することに切り替えられたのかも知れない。 |
|---|---|

2 ブルースの箱庭経験

　「つなげる」ことにこだわるブルースの体験を引き出して、Thの観察と解釈をまとめてみると次のようである。
　#3でのことである。ブルースはイライラした様子で箱庭のセッションにやって来る。大型トラックの前部と後部をつなぐために、車輪の形を見比べてみるが、どれもマッチするものがないことを嘆く。「どれもこれも、完全なものがない、みんなまちまちで、どれもちゃんとつながらないじゃないか！」大きなため息をつきながら、「何にも見つからない」と、しょんぼりと呟く。
　彼の作業を象徴的に観察すると、2つの円のデザインと大きさなどがマッチしないことについて、そのためにトラック（自分）という存在を機能させることができない、という意味の葛藤を訴えているのだと受け取れる。20分ほど

の時間を費やして不成功に終わったので、ぐったりしている。この時点でブルースは具体的なモノ自体に囚われて、そこから移行することができず、モノが使えずに立ち往生している。

　そのときに、Thは玩具が使い古されて傷んでおり、完全なモノがそろっていないことに対して、彼に詫びる。すると意外にも、彼は丁寧に、心配しないようにThを慰めてくれるのである。Thによる共感的な対応と短いやり取りを境にして気を取り直したのか、ブルースには新しいアイデアが湧く。この体験が、ブルースのマンダラの誕生につながるのである。

　この象徴表現ができるか否か、ウィニコット（Winnicott, D.W.）の言葉を借りれば、移行対象を持つことができるか否か、が個人の人格の成長の可能性を左右する。

　#4では、「つなげる」ことを試みて失敗に終わる。Thには、離婚のために壊れてしまった「父母のイメージ」を修復しようとしているように思われる。

　そして、「つなげる」ことが、土台を「固める」作業に関連しているものとして、建造物や、道具を固定させる。心理的にみれば、すぐに反応しないような自我の確立、足が地に着く安定性を意味していると考えられる。

　#6では「つなげる」テーマに新しい要素が加わる。それは葡萄の房である。中央に集められたビー玉はバラバラであるが、この房はそれらの粒を命でつないでいる。1つの茎で房全体を摘み上げることができる。Thがこれに気づいた時点で、「希望」が湧き上がる。これを心理的かつ象徴的に考えるなら、彼の心の中につながりのある、纏まりのあるものがこの円と螺旋の動きの容れ物の中で生まれてきている。ちりぢりの考えや感情が生きたつながりを持ち始めているということは、硬い防衛の殻がなくなっても、中味がバラバラにならないということであろうか。この「つながり」の経験は、心理的成長の転換期を示しているようだ。

　#8では「つなげる」はぴったり合っている感じを体験させる。

　2つの物がつながらないため、相当な苛立ちを感じているが、その状態を脱する瞬間が来る。彼はその同じ材料を使って「バラバラのモノを1つの容れ物に入れる」新しい遊びを工夫する。この遊びを通しThが体験したのは、二人が意気投合、ぴったりつながっている状態である。

　#11では、「つなげる」は、対話のレベルでできている。

　#12では、「つなげる」が、日常生活レベルへのつながりに移行している。

場の設定は、丁字路から砂山といった中心性シンボルが平面と立体とで表されている。カルフの社会適応の段階を仄めかすような印象を受ける。初めの閉ざされた、しかし、感動的な美しいマンダラと比べると、ここでの遊びは動きもあり、日常生活の場が演出されて、単純ではあるが目的が明確に示され、意識の世界に取り入れられている気配がうかがわれる。「つなげる－パーフェクトマッチ」のテーマがここでは2台のバスが2軒、3軒の家並みのある道を行き来して－「つなげる」ことに切り替えられているのが興味深い。しかし、新しいバス2台がパーフェクトマッチであったから、機能することに切り替えられたのかも知れない。彼に2人の母がいる。まったく異なった母が2人いることは彼にとって苦痛であった。しかも、ステップママは優しく賢く、子ども思いであり、いい母であり、「本当のママ」になろうとしていると悩んでいた。そのステップママとのつながりを感謝の言葉で伝えよう、伝えねばという気持ちを話すことができているのは、大きな成長と見られる。

　「つなげる」でブルースの試みている具体的で直接的なモノを完全にマッチさせることの意味は、マンダラで表される完全性、全体性を求めていると考えられる。具体的な試みが失敗に終わるところで、象徴化に成功すればマンダラの形成が生じ、満足感、安堵が得られている。また、Thとの関係でみれば、フィーリングがぴったり合う体験、母子一体性の緊張のない関係を意味していると考える。

　最後の段階では、おのずから「つながる」が日常生活の場で演じられている。内界での「つながる」が外の世界へも広がって、「つなげる」機能を発揮するようである。新しいバス2台は彼に葛藤を与えず、社会性につながるテーマを生じさせていることを考えると、個別的な治療方針を立てる時点で考慮されるべき点を示唆していると思う。

　個別的治療方針の例として、次の試案を挙げてみる。

　ブルースのサンドプレーに使用された玩具の種類や数は極端に少ない。それに、物語以前の遊びであるところから、彼の心の世界は狭く、限られている。

1　信頼感、安心感、安定感を体験させる関係を持つ。
2　教室での指導は、共感的なアプローチで、彼の考えや感情の枠に受容的態度で接することが要求される。彼の考えや気持ちのあり方をサポートし、修正することは避ける。

3 父の再婚時に、新家族の中にブルースの位置づけは明確にされていない。父の連れ子で新家族に組み込まれていないために、彼は疎外感を背負わされている。

家族療法は強調されるべきで、彼の新家族への導入を考慮し、家族内での疎外感を軽減させ、孤立化を避ける努力が必要である。

3 治療者の経験

マンダラの表現がThに及ぼしていると思われる経験について取り上げてみる。

＃3に「宝物かな」と言ったブルースを見て、Thは〈やったぞ、箱庭〉と安堵の喜びを感じている。経験上、治療関係を通してセルフとの連携が出来始めたと理解しての喜び、治療への希望の兆しである。

＃5では、螺旋状に広がるマンダラを見ながら、硬い殻からエネルギーが広がっていく感覚を覚えて、胸がときめく感動を体験する。

＃6でも、温かい感じが溢れる体感を覚える。そして、Thの日常生活で、理由もなく微笑んでいる自分に気づいており、もしや、この感じを子どもたちも経験しているのでないだろうかと思う。これが箱庭療法研究の目的から派生したもので、新しい研究テーマとなった。

ユング派の心理療法では、クライエントがヌミノースを体験するように援助することが大切であると考えられている。Thの体験はそのヌミノース体験と言えよう。カルフの理論で自我発達の土台となる段階－母子一体性の体験、シンクなフィーリングの体験とも言える。

写真で見る作品を通して、ブルースは再び自分の作品を客体視する機会を持つ。しかし、ブルースの自己のイメージは否定的であり、自己評価は低い。Thからの肯定的なフィードバックは容易に取り入れられないことが分かる。ブルースにとっては外界からのインプットはスムーズに吸収されないのであろう。

彼はここでも完全癖からくる葛藤を繰り返し経験している。ぴったりと合うものが見つからない、2つの物がつながらないため、相当な苛立ちを感じているが、その状態を脱する瞬間が来る。それがThの一言、介入であった。彼は

それにぴったりと『たましいの呼応』と言った感じで遊びを展開させる。心理的にみれば、遊びの活動を通して2つの部分が結合し、新しい関係、ぴったり合うフィーリング、一体性を感じさせる関係の土台がそこに在ることが考えられる。この後もつぎつぎと彼の創造性は姿を変えて外界への指向が見られるところまでに達したと言える。しかし、この時点での外的な治療効果、ブルースの教室での目立った変化は報告されていない。

> 事例F　ルネ
うだうだの後の創造

　ルネはメキシコ生まれの11歳で、幼少からアメリカに移住しているメキシコ系アメリカ人だが、英語はあまりできない。背が低く成長が遅滞している印象を受ける。おとなしそうで憂うつな雰囲気がある。診断名はADD（Attention Deficit Disorder）と反抗挑発症／反抗挑戦性障害である。

　【個人および家族歴】母親とは幼児のときに生別し、父は彼と彼の姉妹を祖母に預けて、再婚し時々会いに来る。ルネは祖母と祖父、父方の叔父、それに姉12歳と妹10歳の6人暮らしであるが、祖父は病気で寝たきり、叔父は身体障害者で車椅子の生活をしているという。ルネの家庭ではスペイン語が話されている。

1 箱庭療法の経験記録

　#1　3月8日　何の抵抗もなく、箱庭への誘いに応じてくれる。
　ルネに砂と箱のスペースを紹介し、〈こんなふうに〉と言って、目をつぶりデモンストレーションをして、Thの真似をするように促す。ルネは素直に真似る。次は、目を閉じて箱の内側をゆっくり触る。それを2回繰り返して、スペースの広さと感じを覚えてもらう。ルネはThの指示と説明に注意を払っている。
　〈ルネの最近の問題はどんなこと？〉と尋ねるとThの顔をまじまじと見ているが、返事はない。それで、言い直してみる。〈あなたの担任はルネにどんな問題があると言っているの？〉「僕には英語とスペイン語に問題があると言われる」〈なるほど。喧嘩はしないの？〉「しない」と首を振る。

まず、城を右上に置く。トラクターが2台右から左へ砂を押して動き、小高い丘を左側に作る。「この表面を平らにするものある？」手でジェスチャーをして話す。棚からスチームローラーを取ってあげる。ルネはそれで、地面を平らにしてから、トラックを1台、左の丘に埋める（写真F-1）。

　Thは彼の家族について尋ねる。「おばあちゃんとおじいちゃん、12歳の姉さんと10歳の妹、それに叔父さんと6人暮らし」。父母について話していないが、次回尋ねることにする。

　オレンジ、りんごと梨が彼の好物だと言う。

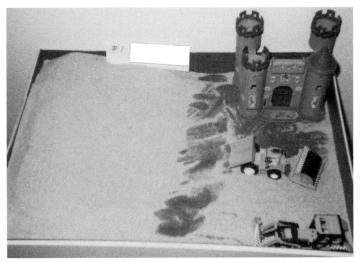

F-1

印象　　彼のセラピストは、彼は英語もスペイン語もできず、とにかく何も話さないから、研究の対象として選択しないほうがいいと言ってくれていた。しかし、ランダム選択でもあり、彼にはペースがゆっくりではあるが、きちんとした返事ができるので様子を見ることにする。初対面なので打ち解けないのかも知れないと思う。

　11歳で5年生だが、英語は1〜2年生の課題をしており、クラスでは担任が1対1で教えている。しかし、箱庭には抵抗なくやって来るので、このまま様子を見る。箱庭では言語表現を介在しないので、ルネには特に適しているように思われる。

#2　3月15日　ルネは今日もすんなり箱庭に応じた。彼はまったく話はせず、静かである。

まず、クレーンを出し、スチームローラーとトラックを出して、砂をトラックにとても丁寧に積む。ルネの手の動き、手さばきが、丁寧で確かなのがThの印象に残った。

それから、彼はクレーンの操作について尋ねる。そしてトラックに砂を積んでそれを右の手前に降ろす。男の人がクレーンを操作して、クレーンで重い荷物を吊り上げようとする。ところがクレーンが安定しないので、水をその土台にかけて地固めをする。トラックとトラクターの2台をクレーンで吊り上げようと、念入りに30分遊んだ（F写真2）。終わったときには、いつもの憂うつな表情はなく、元気いっぱいに身体を動かして興奮しているように見えた。

F-2

印象　　ルネは静かであるが遊びに熱中している。Thはこれでルネが箱庭に十分関係を持つことができたと思う。

#3　3月23日　ルネは静かであるが上機嫌である。砂に手を入れて、ゆっくりとリラックスしてから「僕はこの箱が好きだ」と言う。それから、工事現場をセットし、クレーンを右下の隅に立て、そこにストップ

事例F　ルネ　うだうだの後の創造　　149

サインを立て「これが大事なんだ」と言う。工事現場ではドリルが騒音をたてている。ルネはそれをジェスチャーと音響効果で演じる。そこにいる現場に働く男たちをもドリルしていく。「助けて！　助けて！」と叫んでいる。それから手ボウキで箱の左３分の１に砂を盛り上げて丁寧に平らにする。そこへ、いままで使っていたトラクターなどを並べて、あたかも仕事が終了したようである（**写真F-3**）。

ルネはそれから別のトラックに砂を積んで運ぶ途中、砂が隙間から音もなく

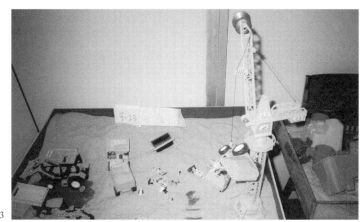

F-3

漏れていくのを見て、繰り返しそれに打ち興じる。ルネが身体ごと楽しんでいるスリル、興奮が伝わってくる。それから、トラックをクレーンで吊り上げる作業を始めるがうまくできない。残り時間が２～３分あるので、Thは〈ルネ、昨日迎えに行ったけど、いなかったね。どうしたの？〉と尋ねてみる。「バスのドアが開かなかったから」という返事。Thは、彼はおそらく時間に間に合わず、ドアの前まで来たものの、何も自己主張をしなかったのだろうと想像する。〈ルネが一番幸せなときって？〉「遊んでいるとき」〈じゃ、どんなときに怒るの？〉ルネは俯いて、ボソボソ言っている。〈聞こえないよ。ルネは怒ったりしないの？〉返事はなく、ただにっこりと微笑んでいる。

印象　　砂が漏れていく、砂がずんずん吸い込まれていく、そんなことに身体ごと興奮しているルネを見ると、幼児の動作を思わせる。砂遊びの

触感覚的な快感が彼には大いに意味があると思う。

　ルネの担任がThを引き止めて、ルネの行動が最近おかしいと言う。そして、ルネが級友ケニーのすることなすこと真似をする、何故かと言う。Thは〈何故かは分からないけれど、幼い子どもは特に人の真似をして習うのだから、ケニーはルネの兄弟がわりじゃないのかしら？〉と言った。担任がルネの行動について話してくれたので感謝する。

#4　3月29日　　ルネは喜んで箱庭にやって来る。彼はスキップしたりして、背も高く見える。

　〈ルネ、散髪したばかりだね〉返事なし。まず、的当てを触ってみたが、すぐに、砂箱に手を入れてリラックスする。それから、25分間、的当てを熱心にする。彼の投げ方はスピードはあったが、全然、的外れなのに気づいて、Thは投げ方を変えてゆっくりするように、やってみせる。それで的に何回も当てることができた。〈ルネ、あと5分だよ〉と知らせる。「嫌だ、あと5分だなんて、そんなことないだろう！」とはっきりした口調で言うので、Thは驚く。

　それから、あたりを物色して、蛙を2匹取り上げで「おお、これが気に入った」と蛙の目玉を指差す。〈かわいいね〉と応答する。彼はそれらを高く積んだ積み木の上に置いて、的当ての的にする（写真F-4）。

　彼はそれに命中させたが、タワーも倒れる。ルネは遊びが面白くてしようがないといった様子である。

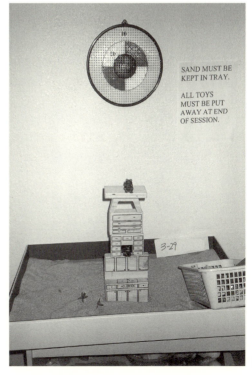

F-4

印象　　ルネは作っては壊す、イナイイナイバア的な繰り返しをしているが、彼には対象の永久性があると見え、壊すことに怖じずに嬉しそうにそれを繰り返している。

#5　4月6日　　ルネは機嫌が悪く、担任の報告によれば薬を拒否していて、先生の指示に従わない。今、箱庭に行ってくれるほうが本人にもいいだろうとのことである。

　ルネは部屋に来るまで機嫌が悪かったが、プレイルームに入るなり、ムードはやや和らぐ。彼は砂にゆっくりと手を入れてリラックスし、箱のスペースを確かめている。Thは彼が目に見えて、落ち着いていくのを観察する。

　いつものように砂をスムーズに整地する。今日は水を使う準備をする。すべての建築用の車を上部に駆り出す。〈おおっ、これから何が始まろうとするんだろう？　道路工事、それとも、家を建てる？　それとも橋を架ける？〉返事はない。

　〈今日は、そんなにルネを不機嫌にするようなことが何かあったんだろうね？〉と話しかけてみる。「(バカとか気狂いという類の) 侮辱するような口をきかれたから」と答える。

　ルネは砂を漉してはそれをトラックに積み込む。そして、左の隅に荷を降ろ

F-5

す。そこへクレーンを建てて、その下に水を掛けて地固めをする。そして、とうとう高い塔を建てる。土台は四角で、それにコップを砂で満たして、上に赤いベースを建て、それにまた赤いコップと青いコップを載せて、頂上に黄色の平たい盆を載せる。その土台に土を掛けてもっと補強し、落ち着く（写真F-5）。

この後彼は的当てをして、的に当たると、身体を揺すって興奮している。そして、大きくにっこりと笑う。

印象　　高い、色の鮮やかな塔を建て終えた、彼の無言の誇り高い様子が印象的である。彼はいつも、遊びについて何も語らない。でも、喜びはThにも伝わってくる。

#6　4月13日　ルネは教室のコンピューターの前で機嫌よく座っていたが、すぐに立ち上がって、箱庭へやって来る。砂に手を入れて、ゆっくりと気持ちを込めてリラクセーションする。〈そう、今日はどんな遊びになるの？　濡れた砂があるよ〉と言う。

ルネは濡れた砂を高く積み上げて、それを両手で狭めて箱の中央に壁を作る。〈先週から、ルネは何か高いものとか、工事とかを作ってきているね？〉「うん」。

その大きな壁の前部をトンネルを掘るように穴を開け始める。そこは何かが住めそうな感じである。それが一度壊れる、ルネは肩を落としてがっかりした様子。Thはそれに援助の手を差しのべる。トンネルを何かで補強してはどうかとか言うと、彼は、それでは不十分だと言って、土台を高くあげる。スチームローラーを持ってきて壁の表面を滑らかにする。〈ここは人か動物が使うところ？〉ルネは無言で棚から牛やペンギン、カバ、犬を持ってきて、それらがトンネルを通ろうとするよう試みる。でも、天井が低すぎることが分かる。ルネはそのトンネルをやり直しもっとアーチを高くする。そして、動物たちが通り抜ける。それから、ユーモラスな蛙を3匹、1匹は反抗的、1匹はのんきな感じのものを壁の上に据える（写真F-6は前方より、写真F-7は斜め後方より）。

あと5分になる。〈タイトルは？〉「あの、熊の住んでいる所」〈動物園の？〉「そうそう」という返事。それから的当てをちょっとするが、的中する。時間切れを無視し、100点取りたいという。そして200点取って、部屋を出る。

事例F　ルネ　うだうだの後の創造

F-6

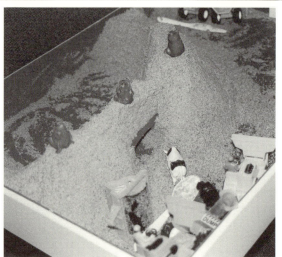

F-7

| 印象 | Thは彼の手の器用な動きにすっかり感心してしまう。あたかも手が知っているかのような確実で敏速な動きである。今日は本物の建造物が出来て、動物も参加して場所が生かされている。Thもいろいろ工夫する手伝いをする。今日は制限時間を越してしまったことで考えさせられる。しかし、彼の遊びは年齢的には幼い遊びであり、単純なテーマでお話がない段階である。

#7　4月26日　　ルネは機嫌がいい。濡れた砂を選んで、砂の城の型を使う。それで城を作ってから、スプーンでそれにトンネルを掘る。城は砕けてしまう。それでまた、のんびりともう1つ作る。それを丁寧に軽く叩いて固める。〈また、仕事を始める？〉「また、やるぞ、家を作る。トンネルを作る」と言って、家をもう1つ作って、その2つをつなげる。それにドアや窓をつけ、中に通路を作る。

　「完璧！　完璧！」と有頂天になる。〈ルネ、やったね〉と一緒に喜ぶ。「もう1回作っていい？」と言いながら、その家の上で空手チョップの仕草をしている。〈いいえ、今日はもう1つ作る時間がないよ〉。彼は棚へ急いで行って、緑の蛙を5匹と街灯を2つ持ってくる。「旗が要るよ！」それらを丁寧に置いて、写真を撮る（写真F-8）。それから、周りを少し片づけ、靴の紐も結ぶ。

　「これは、完璧だね」と部屋を出ながら作品を振り返って見る。「誰かが来て、これをつぶすんだろうか？」〈写真を撮ったからね〉と慰める。

F-1　　　　　　　　　　　　　　　　　　　　　　　　　　　F-8

印象　　先週に続いて、建設的な作業に成功している。今日の家がもっと込み入って、しかも蛙が5匹になっているのが嬉しい。彼が自分の仕事を誇りに思っているのが活き活きとした喜び方から察せられる。これをもう一度繰り返すことができれば、空手チョップで壊そうと思って

いる、創造と破壊と新たな創造がプログラムされていて、健康さが感じられる。しかし、他人に壊されるのは嫌だというのも健康的である。

#8 5月1日 今日も元気よくやって来る。〈週末は何をしたの？〉「メキシコへ行った」〈メキシコでは、何をしたの？〉「バイクに乗っていた。メキシコへは毎週行くんだ」と言う（メキシコへは、車で3～4時間かかる）。〈えーっ、毎週行くの？ うわあ、いいなあ〉。彼は砂に手を延べてゆっくりと気が済むまで、リラックスしている。

濡れた砂に建設用のショベルカーを持ち込んで、左側をグルグル回り、ローラーで平らにしたりする。右側に水を入れたいらしい。結局中央に盛り土が出来、その頂上は平坦になる。それの上に、もう1つ金色の容れ物を鋳型に使って盛り土を加える。それから、まだもう1つその上に盛り、三重の塔の形になる。〈あと5分だよ〉。

ルネは箱の中を整頓して、車などを外へ出し、棚へ行って大きな木を選びそれを盛り土の天辺に立てる。大木の生えた特別大事な所の感じがする。「おい、おい、蛙たち、出ておいで」と呼ぶ（**写真F-9**）。

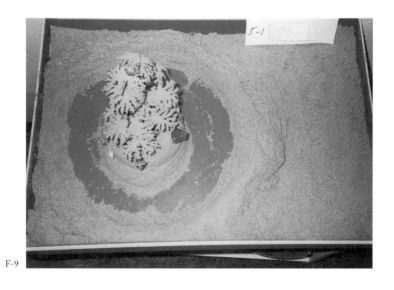

F-9

それから、蛙を4匹、亀を5匹木に登らせる。それに鴨を2羽とひよこを根

元辺りに置く（**写真F-10**）。
　出来上がりを見て、とても上機嫌で「次は誰が来る？　クリス？　ビル？」と尋ねる。クラスメートが来ることを期待しているようである。

F-10
口絵参照

印象　　彼がメキシコへ叔父さんと行くことで、自由に遊んでいることを知ってほっとする。彼の箱庭の遊びは、そのときの成りゆきで進んでいくので面白い。今日の最後の制作には感激してしまう。彼のチビッ子コンプレックスに対応するような、成長を願う祈りのような感じに思われた。

#9　5月10日　　ルネは濡れた砂をしばらく触って「出来た」と言う。それから、乾いた砂箱に行って、右側に大きな山を作る。砂を掬っては篩に掛ける（**写真F-11**）。
　それを何度も何度も繰り返す。しばらくしてから、Thに目をつぶるように言う。「目をつぶって、それから、ビー玉を見つけること」と指図する。ビー玉を見つけるゲームを交替してはやってみる。これを20分ほどしてから、濡れた砂の箱に行って、まったく新しい遊びを始める。
　中央に円を描く、堀のよう。そして、中央上部に城と教会を置く。そして、

事例F　ルネ　うだうだの後の創造

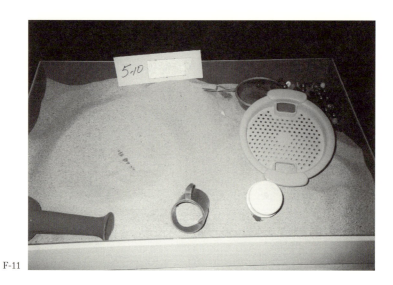

F-11

箱の中央をきれいにして、スペースを作り、そこへ「ワゴンが来る」ルネはそのワゴンに人をたくさん乗り込ませる。ワゴンには駅者もいる。それが終わると、彼はさっと、右手で右から左へ一直線を描くようにして、中央の円を撃ち破り、道を広げる（写真F-12）。

F-12

それは驚くほど決定的な動作である。それはまた、ワゴンが左へ向かう道を走っていることを思わせる。それから、城の隣に家を置く。そこは普通の人が泊まれる所であると説明がある。

印象　　彼のムードはとても上昇していて、城と教会（自分のイメージと言える建造物）が積み上げられていることなどは、普段は見ないことである。高く高く、というイメージであろうか。ちょっと高揚し過ぎているのが気になる。教室での様子を尋ねてみよう。
　　　　ここで初めてワゴンに人が乗っているという新しいテーマが出てきて、社会性を少し見せたかと思う。Thが一番驚いたのは、一発で中央の円環を破って道を通した彼の手捌きの確かさである。これまで、大人にも子どもにもこんな手捌きを見せた人はいなかった。心理的にみれば、中心の硬い殻、マンダラ、元型的な防衛が砕かれ、そこに新たな道が通ったように思えるがどうであろうか。

#10　5月17日　　今日のルネの気分はどんと沈んでいる。砂に手を入れてゆっくりとリラックスする。それから、コップや砂漉しでしきりと砂を丁寧に漉してはコップに砂を詰める。これを繰り返す。馬やワゴン

F-13

を持ち出し、25分間それをグルグル回らせて過ごす。何かを作るというモードではなく、準備のための活動のように見える。トラクターでは右側を平らにし、一生懸命である。

〈あと５分だよ〉と知らせる。すると濡れた砂箱に行って、そこに砂の城をバランスよく２つつなげて、それに右から左へとスプーンを使ってトンネルを掘り抜く。ひび割れが出来たところを修理もする。そこで制限時間となる。

〈ルネ、時間が来たよ〉と言うが、それを彼はまったく無視して、棚から橋を持ってきてあちこちと置き場を探している。その橋に蛙を２匹置く。そして、車を橋の下に置く（写真F-13）。

〈ルネ、時間だから、止めましょう〉と促すと、やっと手を放す。

印象　　10分前に知らせればよかったと思う。今日は新しい工夫としては、城が２倍になり、中に通路が出来ている。それに橋が箱の外へ向けてかけられて、蛙がひょうきんに橋の上におり、下の道には車も通っている。蛙の世界である。これを作るために25分間の砂漉しやグルグル回りなどの運動感覚活動が必要であったのだろうか。

#11　５月24日　　ルネは今日は的当てゲームから始める。真面目に的を当てるときと、めちゃめちゃに投げるときとがあり、20分ほどそれを繰り返して遊ぶ。〈ルネはとても運動神経が発達しているね〉「僕は、ホッケーが得意なんだよ。叔父さんたちとやって、点を取ったんだ。誰もおまえのように上手にできなかったって、叔父さんにほめられたよ」と言う。Thにはこれは初耳だった。ルネはいままで、一度も自分から毎日の生活について語らなかったから。

彼のメキシコでの週末の生活はロスの生活とは相当違っていて、自由な遊びができるようである。ルネは新しいレゴセットを見つけて、さっそくそれでパトカーを組み立てにかかる。ルネは説明書の図を見てもすぐには分からないようで、Thの援助が必要である。〈うまく出来上がったね。それを箱に入れて遊んでみる？〉ルネはさっそく砂を平らにして、箱の前部をショベルカーで底まで掃きあげて道を作る。そこをパトカーが行ったり来たりするが、箱の真ん中に当たるところを、サッサッと手前から奥まで開けて、ショベルカーとコップを使って道を作る。パトカーを左側に置き、紫のピックアップ・トラックを右

側に置く。そしてその場を入れ替える（写真F-14）。
　そして、砂についたタイヤの跡を、砂をかけてきれいに消す。そこで、時間が来る。

F-14

印象　　今日は道路工事で右と左の世界が出来、手前の道路がそれをつなげている。丁字路である。ここには蛙はいない。車の世界であるのが嬉しく思われる。教室では相変わらず頑固でよく喧嘩しているという。勉強は少し進んでいるようである。

#12　5月31日　ルネは今日、みんなと一緒に体育に行けずに、教室で担任の助手とジグソーパズルをしている。「僕はときどき教室に残ってコンピューターをするんだ」と言う。実際は、共同生活が難しいときに居残りをさせられているらしい。今日は彼はとても静かである。沈んでいる感じがする。箱庭では、きちっと砂に手を入れて、リラックスする。
　ルネはコップやトラクター、クレーンなどを集める。
　コップに砂を入れそれをクレーンで持ち上げて、コップの砂を首の長い花瓶に入れる。クレーンの土台を水で固める。それから城の鋳型に乾いた砂を入れ、それで城を作ろうとするが中味がこぼれ出て出来ない。「おおっ」と大声を上げる。Thはそれに水を足してはどうかと提案する。ルネはそれに水を入れていつもの程度に湿らせてから試す。注意深く操作するとうまく城が出来る。そ

れは箱の中央に建っている。〈あと3分だよ〉と言う。彼は柵をその城の周りにきっちりめぐらせる。そして、街灯を1対城の両脇に立てる（**写真F-15**）。

彼はこのセッション中無言であり、かすかに微笑んで部屋を出た。Thはいったい今日はどういうことだろうと不審に思い、彼の日常に最近何か変わったことがあるのか調べてみようと思う。

F-15

印象　　この柵をめぐらされた城を見て、この閉鎖状態はどこから来ているのか、何か変だと感じる。しかし、街灯が立てられたことで、心の発達においては進んでいると感じられる。

投薬の係の看護師さんに尋ねてみると、彼の祖母が、ルネが最近元気すぎてコントロールができないため、主治医に薬の量を増やすように頼んでいるという。その結果、彼のリタリンの量が倍になったと報告される。これを聞いて、彼の受け持ちのセラピストが家族と良い治療関係を持っていないと聞いていることもあり、一度、家族－祖母に会って様子を見ようと考える。

それに、この日、クリスがまったく元気がなかったので、教室を覗いてみると、担任が休みで補欠の男の先生が来ていることが分かった。見慣れない先生なので、このクラスのことには不案内であることが予

想される。クリスもルネも、彼らの担任に、父親代わりのようになついているようである。するとルネの閉鎖のイメージは、この慣れない関係への防衛的対応、または萎縮であるのかも知れない。また、投薬の影響だとすれば、情動の制御がこの閉鎖で表現されているともとれる。

　Thは以前、統合失調症患者とその家族の関係でも、ルネの祖母のような対応を見ている。家族は患者の情動の変化が良好であるにもかかわらず、患者が元気過ぎるときには喜ばず、患者が自己主張したりすると反抗すると受け取って、薬の量を増やすように要請してきたものである。

2 ルネの箱庭経験と治療者の印象

　ルネは11歳で5年生であるが、英語は1～2年生の課題をしており、クラスでは担任が1対1で教えている。しかし、箱庭には抵抗なくやって来るので、このまま様子を見ることにする。箱庭では、言語を介在しないで自己表現がなされるので、ルネには適していると思われる。2回目のセッションでもルネは静かだが遊びに熱中し、箱庭に十分関係を持てるように思われた。

　遊びでは「砂が漏れていく、砂がずんずん吸い込まれていく」そんなことに身体ごと興奮している。幼児の動作に似て、ルネには砂遊びの触感覚的な快感が大いに意味があると思われた。

　続いてのテーマは、「高い建造物を作ること」である。#5では、高い、色の鮮やかな塔を建て終えて、彼の無言の誇り高い様子が印象的である。彼の遊びは年齢的には幼い遊びであり、単純なテーマ、場の設定だけで、お話がないが、彼の手の器用で確実で敏速な動きにすっかり感心してしまう。

　#7では本物の建造物が出来て、動物も参加して場所が生かされ、建設的な作業に成功している。彼は自分の仕事を誇りに思っているのが活き活きとした喜び方から察せられる。同じものをもう一度繰り返し作ることができれば、空手チョップで壊そうと思っている。彼の心に「創造と破壊、そして新たな創造」がプログラムされていて、健康さが感じられる。

　彼の箱庭の遊びは、その時その時の成りゆきで進んでいくので面白い。#8

の高い木に蛙や亀が登りつく作品では、チビッ子コンプレックスを癒す「成長を願う祈り」のような印象を受ける。

　＃9では、いつもに似合わず、城と教会、自分のイメージと言える建造物が積み上げられている。高く高くと、ちょっと高揚し過ぎているのが気になる。

　続いて「ワゴンに人が乗っている」という新しいテーマが出て、社会性を少し見せたかと思う。彼の右手の一発で中央の円環を破って道を通した手捌きの確かさは、心理的に考察すれば、中心の硬い殻、マンダラ、元型的な防衛が砕かれ、そこに新たな道が通ったように思える。

　＃10の建造物は以前より込み入っているが時間内に終われない。新しい工夫としては、橋が箱の外へ向けて架けられて、蛙がひょうきんに橋の上におり、下の道には車も通っている。これを作るために25分間の砂漉しやグルグル回りなどの運動感覚活動、準備体操が必要であったことは注目すべきところである。

　続いて＃11では、道路工事で右と左の世界が出来、手前の道路がそれをつないでいる。丁字路である。教室では、相変わらず頑固でよく喧嘩しているが、自分からけしかけることはなく、他人が彼の世界へ侵入したときに彼が頑固になって、喧嘩が始まるらしい。勉強は少し進んでいるようである。

　＃12で、ルネは柵をめぐらされた城を作った。この閉鎖状態はどこから来ているのか変だと感じる。調べてみるといくつか考慮する点が出てきた。

　彼の祖母が、ルネが最近元気過ぎてコントロールができないため、主治医に薬の量を増やすように頼み、その結果、彼のリタリンの量が倍になったと報告される。もう1つ、担任が休みで補欠の男の先生が来ていることが分かる。見慣れない先生で、このクラスに不案内であるらしい。クリスもルネも彼らの担任に父親代わりのようになついており、ルネの閉鎖のイメージはこの慣れない関係への防衛的対応、または萎縮であるかも知れないと思えた。また、投薬の影響だとすれば、情動の制御がこの閉鎖で表現されているともとれる。

3 リサーチ期間後のフォローアップ

＃13　6月中旬　　ルネは問題行動がエスカレートしたため、観察入院になったという。そこで3階にある小児精神科の病棟に連絡し、

その後の様子を見るために箱庭に誘ってみる。

ルネは、彼の問題は級友にあると言う。

「──がいつも僕を邪魔するんだ」と言う。この級友というのは、年齢よりずっと大柄な上にトゥレット症候を持つ男児で、しきりに動き、行動障害もある。先生もこの生徒に悩まされていて、転校の準備がなされているという。ルネは11歳であるが6～7歳程度の身長で、目立って小柄である。

おそらくこのクラスメートは、ルネの硬くて、狭いそして静かな人格の正反対であるらしく、ルネにとっては対応することが不可能に近い相手であると思われる。その上、担任の困っている感情が彼によって感知されて、それに悩まされているとも考えられる。そこで、箱庭遊びをしてもらう。

ルネはまず、クレーンを立てて、土台を水で固める。そして、容れ物に砂を入れたり、入れ替えたりして遊び、それから、城の鋳型に砂を入れて、先日やったように水を入れて固めるが、上手にできず、もう一度やり直す。そうして出来た建造物は、やはり角が崩れかけのところがある。

するとルネは城の四角な建物の角を落として丸味のあるものに変える。「ここに穴を開けよう」と言う。Thはスプーンを見つけてあげる。ルネは頂上から器用に穴を抉り始める。ついに底に青い水が現れる。

〈ボカ？（メキシコ語の口）〉「口？」と英語で答える。そして「水！」と叫ぶ。

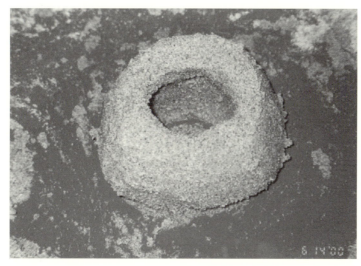

F-16

事例F　ルネ　うだうだの後の創造

Thの解釈を正してくれる。彼は井戸を棚から取って、その穴の横に置く。そして、トランペットを吹く男の子と花篭を持つ女の子を井戸の傍に隣同士に立たせる（**写真F-16**は入院中の箱庭1：ドーナツ型の井戸、**写真F-17**は入院中の箱庭2）。

これを作り終え、彼は本当に満足そうで、Thもほっとする。

F-17
口絵参照

印象　Thは、ルネが条件さえそろえば、このように自身の心のはたらきを表現できる、そのために彼の成長が順調に継続していることが分かって嬉しく思う。初めての井戸であり、初めての人間の登場である。男の子は音楽を奏で、女の子は花を摘み、憩いのひと時を井戸の傍で楽しんでいるところであろう。

この入院の際に、ルネの祖母にファミリー・セッションに来てもらうことにする。昼食を共にすることがいいと考え招待する。それと通訳のミスター・ジーにもそのようにアレンジする。ジーさんは以前に何度かこの家族に立ち会っているので、つなぎをしてもらうことにする。彼はこの祖母がルネに対してひどく口汚く、軽蔑的であったので、Thにこの点を何とかしてもらいたいと訴えてこられる。ジーさんはアメリカ・インディアンであり、それを誇りに思っていたが、自分の生い立ちでも同様の経験をしており、子どもが痛めつけられていると、自分の心が痛むと語られる。

ファミリー・セッション　祖母は、ルネの姉妹2人も連れてやって来る。来るなり、自分は60歳になるので身体の痛みがあちこちにあると訴えられる。

〈今日のミーティングの目的は、ルネが家でどんなふうにしているのかを教えてもらいたいことと、箱庭遊びの結果から、学んだことをお話ししようと思って来てもらいました〉。彼女はいきなり『どうして、この子はこんなに背が低いの？』とThに問いかけてくる。Thは姉妹が普通の背丈であることを見て、おそらく母親は背が高く、父親はこの祖母のように人並み外れて背が低いのだろうと思う。だからルネが特別ではないようである。2人の姉妹はそれぞれ箱庭で遊んでいるが、遊びは一見して、年齢相応でノーマルである。

祖母は自分のメキシコでの生い立ちに触れて、学校は小学校2年までで、その後は行かなかったと言う。ルネは朝から手がかかって大変で、いつも言うことを何も聞こうとしないで、ぐずぐずしている。自分は親業のクラスにも行ったが、何も役に立たなかったと祖母は苦情をぶちまける。

Thはルネの箱庭のアルバムを見せて、ルネが大変器用であると報告すると、彼女はそれを直ちに無効にするような発言をして、彼女の訴えを繰り返す。Thはそれをさえぎって、写真を見せ、〈ルネに言うことを聞かせて、大事なことができるようにするには、どうすればいいでしょう？　この写真を見ると、ルネが大仕事をするためには、このように何回も砂を篩に掛けたりして、ぐだぐだする遊びがたくさん必要です。ルネは家ではよく遊んでいますか？〉と尋ねる。

『いいえ。家の周りは良くない子どもがいるので、絶対に遊びに出ないように堅く守らせています。姉妹の友だちはいいので遊びに行かせるけれど、ルネの友だちはダメです』と言う。Thは呆気にとられるが、気を取り直して、遊びの必要性を繰り返す。『そう言えば、メキシコに行って帰ってきた次の日は、ルネはいつも、よく言うことも聞くし、ぐずぐずしていないね』と祖母は自分自身から遊びの効果を認めることができた。

Thは、祖母の話をゆっくり聴いた。彼女は親から見捨てられた孫を3人も1人で育てている。ルネの着ているものは、いつもきれいに洗濯されているか真新しい。散髪もきちっとしていて、清潔なケアの行き届いたところが見える。彼女の夫は糖尿病で寝たきりであるし、息子（ルネの叔父）は車椅子での生活である。彼女がその人たち全員の面倒をみている。それを思うと、この小柄で

ずっしりしている祖母の小言や痛いところの訴えは、誰からも顧みられない生活の難儀さから来ているのだと察して、Thは彼女を心から気の毒に思い、敬意を感じた。〈また次のセッションを持ちましょう〉と言ったが、それは実現せず、学期が終了してしまった。
　Thはこの祖母とのやり取りから、彼女が根本的にルネの限界を理解しておらず、そのためルネの特別なニーズに対応することができていないのだと評価した。彼女の声の調子には、ルネへの軽蔑や敵対が響き、それは明らかにThにも伝わり、おそらくルネにも通じていると思われる。そのネガティヴなトーンが彼の環境の雰囲気に浸透していると察せられた。
　これほどまでに手入れの行き届いた生活を用意しながら、心の通った温かい絆が持てていない。残念である。もし、この祖母が、ルネが特殊なケアを必要とする子どもであることを受け止めることができれば、彼の世界はすっかり一変するであろうと考えられる。

退院後のセッション　6月26日

　フォローアップのために、退院後、ルネに箱庭に来てもらった。彼はレゴの作成に夢中になっている。それが出来上がってから、水を入れて濡れた砂を作り、大きなしっかりした山をがっちりと作る。その上にレゴで作った城を置いた。番人も門前で武装して待機している（**写真F-18**は退院後の箱庭1、**写真F-19**は退院後の箱庭2）。相変わらず、嬉しさ一杯の身ぶりで満足している様子が見える。

F-18

F-19

考察　事例研究の探求の一環として、ファミリー・セッションや退院後の観察を必要に応じて行ってみたが、ルネの見立てに組み入れられる拡充が得られたと思う。

　偶然であろうか、**写真F-12**の建物が危なっかしい構造であるのに比べ、ここでは1つの建物に塔がある城のような形が造られ、植物と動物で生命の発達や成長が表された**写真F-10**と比べると社会適応、自我の確立への指向がうかがわれるように思う。

　実生活では以前より明るく活発になっていることを除いて、大きな変化は見られず、現状維持である。それでも、彼自身の創造的な一面を体験して、ある程度の自信ができたのではなかろうかと考える。少なくとも、担任と彼のセラピストは、今まで見たことのないルネの本性、可能性を垣間見ることになった。それはルネをケアしていく上で、われわれを元気づけるものである。

事例F　ルネ　うだうだの後の創造

> 事例G　ビル
W.W.Fと喧嘩ごっこ（Rough and Tumble Play）

　ビルは11歳、アフリカ系アメリカ人。5年生のはじめ、小児精神病棟への入院を契機に特殊学級／デイケアに編入。普通学級での成績は中であった。

【個人および家族歴】 家族は母子家庭で兄13歳、本人11歳、妹が10歳、9歳、7歳、2歳である。生活保護で生計をたてている。ビルは、母親が妊娠中にコカインを使っていたので、胎内でドラッグの影響を受けている。生後10カ月は祖母に、その後2〜3カ月は叔母に世話になり、母のもとへ戻る。3歳時、母からの虐待のためフォスターホームに入り、6歳になって母のもとに戻り、それから現在まで母に養育されている。現在、環境からのストレスは以前と変わりなく、6人の子どもを抱えた母子家庭で、生活環境は犯罪の多い地域で危険に満ちている模様である。

【問題行動および病歴】 入院前の学校での問題行動では、注意力散漫で多動、指示に従わない。攻撃性が激しく、女生徒の胸を鉛筆で突いたりした。また、保護観察入院になった経緯は、自殺企図があり、ビニール袋を頭から被って首を紐で絞めるなどしたのと、幻視を訴えていたためである。ビルは麻薬アルコールの使用を否定している。その後、医師はうつ状態と行動障害のための薬を処方している。

　現在の特殊学級に来てから7カ月ほど経ち、環境には慣れてきている。学習にはあまり支障をきたしていないが問題行動は未だに継続していて、突発的な怒りを問題／主訴として個人とグループ治療が継続されている。Thが尋ねると、ビルは自分の問題について「担任の先生が僕を怒らせたので、ドアをぶっ潰したんだ。先生は意地悪で、悪い言葉も使う。僕は他の先生のクラスへ移らせてもらうことになっている」と説明している。その後それは実現されている。

1 箱庭療法の経験記録

#1　3月9日　ビルはすらっとした体型で、活発敏捷な感じである。Thには笑顔で対応する。

　プレイルームで砂と箱に馴染ませると、喜んで積極的に関係づけてくる。まず、クレーンを右の上部に持ち出し、他に建設工事に使う車を使って砂を押しまくる。それに、筋肉隆々の男を2人取り上げ、激しくレスリングさせる（写真G-1）。

G-1

　Thは彼の家族について尋ねた。母と5人の兄妹（兄14歳、本人11歳、妹10歳、8歳、2歳）の計7人で住んでいる。大人になったら、バスケットボールの選手になりたいと思っていると言う。このような会話には、ビルは活発に関わってくる。

　次にお城を見つけると、ドアや吊り橋など動く部分を見つけては動かしてみている。そこへ騎士たちがやって来る。恐竜もやって来る。恐竜レックスはここでは優勢で、キングコングが王様である。恐竜レックスは宝を盗む。ビルはお姫様を城の正面に立たせ、宝の箱を城の中に戻す。レックスが姫をさらうが、そのうちに戦いなしに、姫は城に帰っている。

一方、戦いのほうでは、レックスがワニを喰っている。そして、騎士に向かって火を吐いている（写真G-2）。

G-2

「あと、何分？」〈あと、5分〉。ビルは「どうして！　もっと時間を延ばして！」と訴えて、しょぼくれる。Thは彼の既往について尋ねる。

　彼は昨年の10月から11月まで、妄想があったので入院したと言う。退院後この学校に編入した由。「僕はいずれ、元の学校へ帰ると思う」〈ビルの問題行動が良くなったら戻してもらうって、期待しているんだね〉。彼は数学とスポーツ全般が好きで、この特殊学級には属していないと思っている。

#2　3月16日　「薬も飲んでいないし、妄想もいまはないよ」と報告してくれる。妄想は、「小人がいるんだ」と説明してくれる。今日は、グループセッションで良い言動があったので、ご褒美をもらった。

　遊びに移ると、まず城を中央上部に置く。それから、乗馬している騎士を2人と、飛んでいる馬－ペガサスに乗っている男を持ち出す。城の裏手に宝物を2つ置く。その宝を守るガードが2人、双頭の怪物、4つ頭のある竜で、それらが宝を盗みに来た騎士と戦い、全滅させる。竜たちは火を噴いて宝を守っている。しかし、終わりには竜同士が戦い合い、城も火事になる（写真G-3）。

事例G　ビル　W.W.Fと喧嘩ごっこ (Rough and Tumble Play)　　173

G-3

「この学期の終わりには、普通学級に戻るつもりだ」と語る。〈担任にそのことを相談しているの?〉「ううん」と答える。将来の進級について話しながら、Thは彼が、特殊学級に留まることで自己評価が下がることを苦にしていると感じた。

その後、ビルは的当てをしてみる。何度も的中するが、他の子どもたちがしたような感激や喜びの表情などを、まったく表さない。無表情である。〈プランとしては、これから5月頃まで毎週1回箱庭に来てほしい〉と言うと、「わかった」と承知してくれた。教室に戻る道すがら、ビルは歌を口ずさみながら歩いている。

#3 3月29日　教室に迎えに行くと、ビルは「先週の木曜日に迎えに来てくれなかったね」と言う。〈えっ!　あなたが欠席しているって聞いたから。どうしたのかと思っていたのよ〉。

Thは狐につままれたような思いでいる。来ていたのだったら、残念だった。でも、彼の自己表現は嬉しいし、箱庭遊びの時間を待っていたというので、関係も出来そうに思う。

今日は的当て遊びを25分間する。目をつぶって的に当てたりして、何度か的中させる。〈当たるときの感じを覚えて!〉と励ます。ビルは喜びに溢れて

いて、それがThにも直に伝わった。

　残りの5分、的当てを、的でなく玩具を的にしてやった。大小の恐竜を砂箱に並べて、頭や尾を狙って当てた。そして、もう1つ「すごい！」（中国の）竜を加えた。〈この竜は創造のエネルギーの塊だよ。グッドラック〉。ビルはそれを砂から拾い上げて、埃を払う。それから、竜の掴んでいる玉を撫でて何か呟いている。それを3回繰り返した。〈えーっ、何か願い事をしたの？〉「そうだよ。だけど、教えないよ」とその竜を愛おしそうに撫でた。彼はミスター・エルのクラスに変わり、「エル先生が好きだよ」と報告してくれた。

#4　4月5日　　今日は的当てを5分やる。それから、マジックトリックをすると言って、小さいビンとコップでマジックをする。ビルが砂を動かしていると突然何かが天井に飛び上がり、それが砂箱に落ちた。ビルはそれにコップを被せて呪文を唱えた。それ（蛾？）は、死なずにまた天井に舞い上がった。

　黄色の怪物を取り、ビルは砂を飛ばして、怪物が火を噴いているところをやると、砂がThにまでかかった。そのときも、マジックの小ビンを握っている。

　次の遊びに変わる。ボートが2槽大波に呑まれようとしている。そこへタンクを並べたり、高く積み上げたりする。そして飛行機が飛んでくると、タンク

G-4
口絵参照

事例G　ビル　W.W.Fと喧嘩ごっこ（Rough and Tumble Play）

から発射してくる。しかし、「キャプテンはこの飛行機を墜落させるかどうか決められない」そこへパイロットが出てきて、タンクを１つずつひっくり返す。（これは、飛行機が反撃しているところらしい。）

続いて、次の遊びになる。父と息子のテーマで、父が息子を探している。この息子は竜巻である。それで、その辺のものをみんなひっくり返す。Thはこの父は息子を支援しているのかどうかが摑めていない。〈ビル、あと２分だよ〉と知らせる。そこへ大きな人形を持ってきて、母親が息子を捜しているらしく、その辺手当りしだいにひっくり返して、捜す。何もかもひっくり返ってしまう。母も息子のように竜巻のようだ（写真G-4）。

Thは〈時間いっぱい！　終わり！〉と知らせる。「オーケー、このビンに最後にもう一度砂を満たすから」と元気一杯、満ち溢れている感じがする。

#５　４月12日　　入室するなり砂箱の所へ行って、リラクセーションをする。楽しんでいるように見える。

両手の動きから、対称である形が出来、それを彼は顔に見立てて顔を描く。

それから、濡れた砂で城を作る。大きなボトルに砂を入れ、それをマジックポーションと言って、城にぶっかける。この城をThの机の上に置いて遊ぼうと言うので、Thはそれを断る。

G-5

それから、Thに目を閉じさせる。そして、食べ物を盛ったお皿を2つ持ってきて、スーッと机の下に隠れる。そして、「3つの願いを言ってください」とThに言わせる。〈美しいお城が見たい。王子様とお姫様、それから、きれいな花が見たい〉と言う。Thは目をつぶっている間、周囲でガサゴソ動いている音を聞く。「目を開いてください」と命じる。前を見ると誰も見えない。〈私のジニー[*1]は何処？　出てきてちょうだい〉と言うと「僕は後ろだよ」と言って現れる。それから、城を持ち出し、そこに小さい人間を集めて牢獄に詰め込む。彼らは出たいと言うが、出ることはできない。そこへドラゴンが来て、救急車も来る。王様が来て車をひっくり返す。「ここを写真に撮って！」と言う。そして、自分で写真を2枚撮る（**写真G-5**）。

*1　ジニーというのは、『アラジンと魔法のランプ』に出てくるランプの精のような守護神のこと。

#6　4月27日

「どうして、昨日呼びに来てくれなかったの？」と言う。Thは、昨日彼が欠席しているとかで、いなかったからだという説明をする。

ビルは砂に両手をゆっくり入れてリラックスする。「さあ、そこに座って。僕が食べ物を作るから。目をつぶって、『3つの願い』を言ってください」〈和やかでありますように、面白いことがありますように、本物のものがありますように〉とか言う。「見ないで、いま作っている最中だから」〈いいわ、ビルが作っている間は、見ないんだね〉。ビルは大きな蛇をThの頭と首に掛ける。〈何か、気味の悪い感じがするけど、何だろう？〉「目を開けて！」目の前には、花の入った篭、兵隊の入った篭、葡萄の入った篭、そして皿に盛った蛇が置かれている（**写真G-6**）。〈ひゃー！〉と大声を上げ、怖がる振りをする。彼は机の下に隠れている。そして、机の下からThが失った鍵を見つけて出てくる。

彼はThが結構楽しんでいるのを見て、満足そうにニコニコしている。この後、砂で城を作り、それを空手チョップで「いやーあ、ばん、ばん」とカタを気取って真似る。それから、飛行機やヘリコプターを山に墜落させる。そして、的当てで的に的中させる。その的当ての矢に蛇を釣り下げる（**写真G-7**）。まるで、蛇がピンで射止められた格好である。〈ビルは夢を見る？〉「うん、恐い夢を見るよ。でも、言えないけどね」と言う。〈いいわ〉〈ビルの3つの望みは何？

ここに埋めるとすれば?〉「僕の兄、それは冗談、取り消し。僕の母のお金を埋めよう」〈そう、そうしたら、あなたが見つけるんだね〉。そうしているうちに宝のつづらを見つけてそれを触って、「これ本物? 本物だ、指輪が入っているから」そう言って、砂に埋める。

G-6

G-7

#7　5月10日　砂の中に手を入れてリラックスするときに出来た模様から、「ジャック-オーランタン」(ハローウィンのカボチャで作ったお化け提灯)を描く(**写真G-8**)。それから、結婚行進曲を口ずさみながら、棚からウェディングのカップルを取り上げて、「ジーアイジョーで遊ぼう」と言う。そして、ちょっとだけ遊んでから「目をつぶって」とThに言い、Thの首に蛇を2匹巻いて、机の上にも蛇を置いておく。「目を開けて」と言うので、〈ひゃー!〉と大声で驚いて見せると、ビルは戸棚の後ろに隠れていて、嬉しそうにケタケタ笑いながら出てくる。

G-8

次は、トラクターとクレーンを出して、工事をするのかと思うと、「アーメッド・ジョンソンとアンダーテーカーのマッチ!」と言って4〜5人の筋肉隆々の男たちを持ち出し、「おおっ、殺さないでくれ!」とかいろいろな掛け声を入れながらレスリングを進行させる。「アーメッド・ジョンソンは、2人のレスラーを圧倒的に同時にやっつける、ミラクル!」。ビルはレスラーを一番高い場所に立たせて、そこから箱にいるレスラーに飛び下りてアタックする。それを何度も何度も繰り返す。ビルはしきりにアナウンサーの解説の真似をしながら、アクションを進行させる(**写真G-9**)。「あとどれくらい時間あるの?」
〈あと、5分あるよ〉「うーん、あと10分要るよ、写真も撮るんだから」と食

い下がる。Thはカメラを渡して、終わる心準備を促す。ビルは1枚撮ってから、「1枚を家へ持って帰りたいから」と言う。Thは焼き増しをするつもりだからと計画を伝える。それから、アーメッド・ジョンソンの人形を棚の後ろに隠したので、〈このレスラーを他の子に使わせたくないの？〉「そう、誰にも使わせたくないんだ」と言う。

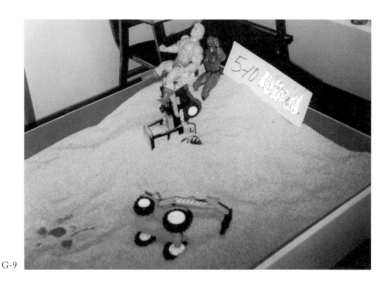

G-9

#8　5月17日

いつものように、ビルは喜んで箱庭に来る。「アーメッド・ジョンソンは残念ながら、負傷のために休場です」と宣言して、他のレスラーでマッチをする。そして、先回同様に、高い所からリングに飛び下りて、相手を攻撃する作戦を繰り返しやる。そのときに、相手の急所を狙うとか、いろいろ激しいトリックを繰り返す（**写真G-10**）。

この遊びの間にビルは何度もおならをする。それを歌いながら「ほら、また、音楽、なーがいおなら、ミュージカル」〈ビルはげっぷでミュージカルができるの？〉「それはできないよ」と言って、続けてアーメッド・ジョンソンでレスリングをしているが、急にドアを開け、お尻を外に突き出して、「また、もう1つおならのミュージカル」と言って、ドアを閉め「ヒュー（やれやれ）」と言う。時間切れ。ビルは、タオルでレスラーを全部包んで、本箱の後ろに隠す。

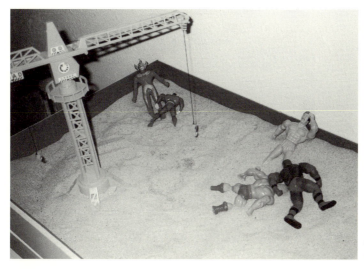

G-10
口絵参照

#9 5月31日　ビルは機嫌がいい。
　プレイルームに入るなり、彼はレスラーたちが既に出ているのを見つける。
「おお、他の子にこれを使わせたんだね」〈クリスがね、あんまり元気がなかったから、ちょっと元気づけようって思ってね〉「あいつは、みんなにこのレスラーがあることを言いふらすに違いない」と膨れっ面。
　そしてまた、元気よくレスリングマッチを始める。前よりもっと高い所を見つけて、そこからリングに落ちて体当たり作戦。自分がアーメッドになったつもりで（**写真G-11**）。「ここ、ここを撮って！　パーフェクト！」とアーメッドがレスラーを踏んづけているポーズをとり、もう1人はクレーンに引っ掛けられている。
　これを半時間、時間いっぱい遊び、ちょっと、的当てをする。集中力があって、的によく当てている。「先週、僕は入院していたんだ。小人が見えたから」と言うので、Thは〈それは、嘘だね〉と応えた。（この嘘は何のため？）ビルはとても元気よく遊んだ。

事例G　ビル　W.W.Fと喧嘩ごっこ（Rough and Tumble Play）　　　181

G-11

#10 6月8日　今日はプレイルームに入るなり「新しい玩具ある？」と尋ねる、そして、もうすぐ学校が終了するので、Thにギフトを用意するように言う。あたかも、それは初めから約束されているような口調なので、〈えっ？〉と思う。

　直ちに、レスラーを持ち出し、いつものように高い所から飛び下りて攻撃する。そしてThが買ったばかりの新しい忍者を見つける。赤忍者と青忍者で、ビルはそれらを戦わせる。彼らは激しく戦い、ついに、一方は相手の頭巾を脱がせる。そして、ビルはもう一方の頭巾も外す。驚くなかれ、彼らの顔はまったく同じである。

　「あれえ、おまえは私の兄弟！」とビルが叫ぶ（なんとも傑作（！）な出会いである）。ビルはあたかも彼らが兄弟同士で激しく戦い、相手をお互いに殺そうとしているのを知って、ぎょっとした表情をし、忍者になりきってか、この思わぬ出会いにたじろいだり、感激したりしている様子をする。そこで、ビルはレスラーを持ち出して、それを2人の忍者の敵役にし、2人は協力してレスラーとの戦いを再開する（**写真G-12**）。

　ビルはThに完璧な写真を撮るように、ポーズする。彼は写真を撮ることに関心を持っている。Thはビルに、写真のアルバムを作る予定だと伝える。「それは、素敵だ」と言うが、Thにギフトをくれるようにせがんだ。それも、ブ

ルーの忍者で、「ブルーでないとだめ」と念を押す。〈それは、約束できないな。アルバムはいいけれど、忍者はどうかな？〉

　ビルは勇んで教室に戻っていく。まるで、Thがイエスと言ったかのように。これが最終回であった。

G-12

　[追記] ビルは、数カ月後に強制保護入院となる。理由は、親戚の女児に性的なイタズラをしたという訴えがあったためであるが、それが遊びであったのかどうかは不明である。その入院時に彼の叔父の葬式があり、男性の看護士が付き添って参加することになった。そのときの報告は、ビルの生活環境を垣間見る物語であるので、ここに付記しておく。

　葬式は教会のチャペルで行なわれ、司祭がみんなに、この叔父への手向けの言葉を促したが、ビルの親族は誰も一言も語らなかった。看護士はビルの親族が無表情で無関心であると感じた。そうしている矢先に、チャペルの外で銃声が響き、ドアを閉めることになるがそれでも止まず、パトカーが数台来る。看護士は恐ろしくなって、ビルを見るとビルが硬直しているので、二人で早々に引き上げることになった、と報告した。ギャングの絡まった葬式であったらしい。このようにビルの生活環境は危険な突然の出来事に満ちているらしい。ケースワーカーの観察では、大人も子どものケアが行き届かない、放任になる状態が頻繁であると報告している。

事例G　ビル　W.W.Fと喧嘩ごっこ (Rough and Tumble Play)

2 ビルの箱庭経験と遊びのテーマの変容

#1
　彼の遊びを見ていると、すべて、まとまりのない話の羅列になっている。城のテーマも、姫がさらわれることや、宝を盗むという問題提起の部分はあるが、問題解決への働きなしで姫は城に戻り、宝物も理由なく戻される、といった結果である。彼は箱庭に難なく取り組んでいるので、楽しみである。

#2
　今日はたまたま3人の子どもたちが的当てをして遊んだが、みんな、それぞれに反応が違っていて、興味深く思った。1人は誇り高く、喜びの感情を素直に表して、Thと右手同士を高く上げて拍手した（high five）。もう1人は的に当たる度に玩具の褒美を用意して、Thと競争しながらそれを分配していた。ところがビルの場合は、そのような関わりがまったくみられなかったのが印象に残った。しかし、部屋の外へ出てから歌を口ずさんでいたので、その場では無表情でも「歌う気分」になっているのも感情表現とみるべきかも知れない。
　このように、彼のコミュニケーションには欠陥がある。元の学校へ戻ることについても、担任に話していないというので、彼の一人よがりで終わっているのかも知れない。外界への関わり、彼の生活環境についても注目したい。
　ビルの遊びの中に、怪物や火を噴く竜などが出てきている。これはしばしば虐待された子どもが好んで使うものであるので、彼の攻撃性や制御のきかない怒りが象徴的に表現されたと見てはどうか。これが日本の桃太郎の鬼のように、宝を貯め込んでいるらしく、その番人であるが、そこでも争いがあって、宝の守りが疎かになっているようだ。
　宝物は心理的にみれば、自己の価値と言え、また姫はたましいのイメージとも考えられるがそれらを守るにあたってはマジカルなレベルで、働きはみられるものの結果は全滅という始末である。この攻撃的なエネルギーは、建設的にも破壊的にもなり得るものであって、その行き場がまだ混乱の最中にある。この行き場を追求してみたいと思う。

#3
　ビルは的当て遊びを25分間する。目をつぶって的に当てるなどして、何度

か的中させる。ビルは喜びに溢れていて、Thにも直にその感じが伝わってきた。残りの5分間は、大小の恐竜を並べて的にし、頭や尾に矢を当てた。その場では無表情でも部屋を出てから「歌う気分」になっている。この日は1つの遊びに集中している。彼が活き活きと的当てを工夫していく様子を見て、彼のエネルギーの行き場がこのように集中され、それを使う能力のあることを観察でき、直に感じられて、嬉しかった。

#4

　今日は彼の防衛が和らいだ感じで、元気な遊びが目立っている。ドラマは父母が息子を捜しているところ。父と息子のテーマで始まる。父が息子を捜している。この息子は「竜巻」で、あたり一帯をひっくり返す。母親も息子を捜していて、やはり、母親も手当りしだいにひっくり返して息子を捜す。母も息子同様、竜巻のようだ。竜巻親子である。息子おそらく、自我は竜巻（自然現象）であるので、まだまだ自己（無意識）との同一化が強いとみられる。

　ところがこれを原家族のイメージ、父母と子のテーマとしてみると、父と母が共に息子を捜している。実際、ビルは父を知らない。父は行方不明であり、一度も会ったことがなく、この欠損が彼の悲しみと怒り、竜巻の発祥地であるかも知れないと思う。母はビルを妊娠中に麻薬を常用し、その件で服役している。ビルは生まれて直ぐに祖母に引き取られ、その後も親族に養われていて、母が復帰してからも、日常生活に心的外傷体験が絶えないようである。

#5

　Thに目を閉じさせる。そして、食べ物を盛ったお皿を2つ持ってきて、スーッと机の下に隠れる。そして、「3つの望みを言ってください」とThに言わせる。Thは目をつぶっている間、周りでガサゴソ動いている音を聞く。「目を開いてください」と命じる。前を見ると誰も見えない。「かくれんぼ」である。〈私のジニーは何処？　出てきてちょうだい〉と言うと「僕は後ろだよ」と言って現れる。見つけてほしい、捕まえてほしいという強い要望が感じられる。幼い子どもがキャッキャッとふざけて飽きずにやる遊びをThは思い起こす。Thは彼の用意したプレゼントから、彼がいたずら好きで、そして「やさしさ」に溢れていると感じる。

　次はドラマの断片である。城の牢獄に囚人がいる。そこへドラゴンが来て、

救急車も来る。王様が来て車をひっくり返す。ビルにはひっくり返るアクションが魅力らしい。

#6

　ビルは昨日Thが来ることを期待していたと言った。残念！　これで2度目である。何かわれわれ二人の間に連絡の取りにくいダイナミクスがあるようだ。以前なら、ビルはこれを表立っては言わなかったろう。相当、箱庭へのアタッチメントが出てきているようだ。

　このプレイ、ここでも再び「見ないで！」のテーマ（ごっこ遊び）。箱庭でリラックスした後、そこで遊ぶ代わりに、Thとの遊びになっている。Thの3つの願いを聞きながら、Thの見ない間にその『願い』をかなえる振りをして、Thを脅かそうというイタズラ的な意図があって、それをThは目をつぶって感じている。そして、蛇を2〜3匹頭や首にかけられたときは、冷たさと重みが実感としてあって、〈イヤダー〉と悪寒がする。そして、その体感に堪えながら、〈知らない振り〉をしている。目を開いて彼が用意したものを見る。花や果物（マンダラ）と兵隊と蛇というお供物が並んでいる。何だか、Thの子どもがトカゲや虫を捕らえて、得意気に獲物を見せてくれたことを思い出す。それは、気味が悪くても子どもと母との楽しい一時である。

　Thが感じている蛇の冷たさと重みはビルが頭と首で背負っているその感じであろうか。蛇とは象徴的にみると、渾沌として彼の自我を飲み込み、彼に身の毛のよだつ恐怖や悪夢をもたらしている、収集のつかない衝動、エネルギーとも考えられる。ここではそれをThに肩代わりさせようとする試みであろうか。これをThは自然に「叫び」で鏡映している。これで、十分にキャッチできただろうか。このどっさりあるエネルギーは何処へ行こうとしているのか。

　そこで、この次のセッションの遊びに注目すると、「的を射る」建設的な傾向と城や山を的にして直撃して破壊する、建設と破壊の遊びを繰り広げている。これは戦いの勝利の喜びにもつながるようで、最終的には蛇を射止めて、遊びは完了する。

　このやり取りから、Thはビルの魔法使いの遊びで、見えない世界から「望みを叶える」、贈り物を届けるファンタジーに、われわれ二人のエネルギーが纏められていくのを経験した。

　そこで、このセッションの導入になったと思われる#5を見てみると、ここ

では、マジックポーションでお城を攻めたり、Thに目をつぶらせる「イナイイナイバア」か「かくれんぼ」の類の遊びが始まっている。

この『3つの願い』は精神科の診断面接にある質問の1つでもあるが、これについては、#3でThの〈中国のドラゴンがグッドラックである〉と言ったことから発して、ビルがそれをタネにしてファンタジーを盛り上げていった感じがする。彼が密かな願いごとを3回、ドラゴンの玉をさすりながら呟いていたのをThは認めている。願いごとを真面目にするビルの行為をマジカル思考と言ってしまうより、祈りとも感じられる。

この回、Thは、自分の失った鍵を見つけるビルを見て考えさせられる。彼の遊びが鍵であるものとは何だろうか、どんな謎がこれで解けるのだろうか、と。二人の関係で言えば、ビルは私の遊び相手であり、平等な感じを体験している。そして、両方が楽しんでいる。

彼の遊びは発達的にみると、母子一体性の範囲から独立を試みる自我が、太母の臍の緒を借りるマジックの力を頼りに戦っている感じを受ける。

#7

このセッションは、さまざまな断片の集まりからなる面白い遊びになっている。まず、日本の鬼の面に似た、お化けの提灯の顔から始まる。ウェディングが瞬時現れて消え、兵隊遊びも現れて消える。それから、Thと「かくれんぼ」か「イナイイナイバア」をするが、イタズラめいていて、恐い思いをThにさせて楽しんでいる。対象関係の安定性を維持しているのと、それに一段進展して、影との対決を遊びで表し、影の取り込みをしているようにThには思われる。これは『二人で遊ぶ』のテーマである。その後、ビルはレスリングマッチで力演をし、熱中している。ビルの心的エネルギーが一番集中され、維持された遊びはリングでの戦いである。相当激しい攻撃性、殺し合いがプロレスの派手なショーの形を借りて表現されている。本物の殺しではない。思いきりのドタバタ遊びである。この遊びは対決を意味し、二人の関係を場にして影との対決、影の取り込み、同化をしているように思われる。

このあたりからビルのレスリングマッチの熱戦が繰り広げられ、アタッチメントの対象はThから強者、スターであるアーメッドに移行し、この人形を独占することなどに同一化/執着の強さがみられる。彼はその強者であると同時に試合のアナウンサー、語り手でもある。Thはその試合の観客でビルの演

じるアーメッドの「ミラクル」を鑑賞し、ビルの語りに興じている。ここでのThの経験は、良いも悪いも共に愛でながら、遊びの流れに共に乗っている。いわゆる母子一体のダイナミクスを生きている。このダイナミクスのチャネルを通して、エネルギーが心的な傾斜を「目的」に向かって流動し、活用されていくことを願って止まない。

　この回ではビルの身体レベルの自己表現、放屁があった。排泄の快感を経験する子どもの発達段階を思わせる。2歳半頃からのトイレット・トレーニングで始まって、4～5歳の子ども、特に男児は性器や排泄に関する言葉を口にするだけで笑い転げて喜んだり、友だち同士で「汚い言葉」を言い合って母や大人たちの注目を引き、叱られ、自我の発達、母からの分離を確保していく。ここでは、ビルはそれをミュージカルと一段芸術に引き上げているところがおもしろい。Thがいくらか親バカ的に聞こえるかも知れないが。

＃8

　今日はレスリング一本槍で時間を過ごす。ここで思いがけないタレントの発見、ビルのおならのミュージカルには笑わせられる。

　Thは日本の昔話で身体の現象をとらえた笑い話の中の『屁ひり（ミュージカル）コンテスト』の類を思い出し、ビルもそのタレントに入るだろうと思う。

　箱庭療法の第7回以降、後半期になって、ビルが熱中するレスリングであるが、これが繰り返し行なわれ、Thは閑古鳥が鳴く感じであった。この取っ組み合いのゲームが、実は遊びの中でも最も古いものであり、発達的には生まれてしばらくした動物、犬でも熊でも子ども同士が取っ組み合いをして、力の序列が決まるとか、親が子どもがじゃれるのを噛む真似をしたりして対応しているが、実は、獲物を捕らえる教育をしているのであるとか。

　この遊びが生存のために大切な役割を持っていることが知られている。大脳生理学者パンクセップ（Panksepp, J.）は、脳神経に「遊びの回路」があるのではないかという仮説を発表している（Panksepp, 1998）。

　人間の子どもの場合、これを遊びと思ってやっている本人たちと、それを本物の喧嘩と判断する大人、親や教師の食い違いで、悔しい思いをする子どもが出てくるという。遊びの研究によると、子どもの取っ組み合い、追いかけ合いなどの遊びについてペレグリーニ（Pellegrini, 2002）は「ソーシャル・プレー」と呼び、それには楽しい情動があり、「プレーファイト」のすぐ後では、その

子どもたちは「一緒にいる（絆）」とか、プレーファイトは「おあいこ（相互的）」であるというルールがある。

#9

　競り合う遊びに集中しているので、これでいいと思う反面、あまり遊びの種類が少なく収斂し過ぎているかなとも思う。この頃、玩具屋で偶然面白そうなアイテムが見つかり購入した。

　彼は、新しい玩具で同じく戦いの遊びをする。カルフの言う闘争のステージである。前回と違うところは、リングでのやり合いでなく、真剣勝負という形になっている。

　プレーファイト、喧嘩、そしてポジティヴな仲間のやり取りに対する生徒と学校の先生の認知を比較する研究では、先生や校庭のスーパーヴァイザーはプレーファイトに対して子どもたちと比べてポジティヴな見方をしていないと報告している。30人の小学校の先生はプレーファイトの37％を「喧嘩」とみなしており、現場のビデオとインタヴューからの研究では実際は5〜10％であったという。それに対して、校庭での遊びから本物の喧嘩になるのは僅か1％で、多くは攻撃性を制御できない子どもが関わっていたと報告している（Smith, P.K. et al., 2002）。

　ビルの遊びでThがハッとさせられた場面は、赤忍者と青忍者の取っ組み合いで、ビルがその覆面を剥がした瞬間である。両者が同じ顔をしている。それを持つ両手が、一瞬、静止。「おまえは僕の兄弟」と言う名乗りで、両者は戦いを止めて結束する。誰ともつながれない、兄弟でもいがみ合っているビルの現実を思うと、これは一大事件である。団結の後、両者は共に新たな敵に向かって挑みかかる。

　このシンクロニスティックゆえに劇的な出会いで、ビルは直ちに兄弟を和解させ、他者を敵に選ぶ。これは影との対面といった、『ゲド戦記』を思わせる一瞬でもある。ビルの遊びでThが嬉しく感じ、また関心を持ったのは、このような素直な思いがけない対応を彼ができることである。

　ビルの日常生活はあまりにも不安定で、危険に満ちているという。これからも、彼が箱庭で自己を開発していけることを筆者は願って止まない。

[文　献]

Edinger, F. E. (1994) *Transformation of libido, A seminar on C.G. Jung's Symbol of Transformation*, C.G. Jung Bookstore of Los Angeles.

Kalff, D. M. (1980) *Sandplay: A psychotherapeutic approach to the psyche.* Santa Monica, CA: Sigo Press.

Kalsched, D. (1996) *The inner world of trauma: Archetypal defenses of the personal spirit.* London and New York: Routledge.

Kellogg, R. (1970) *Analyzing children's art.* Mountain View, CA: Mayfield Publishing Company.

Neumann, E. (1973) *The child: Structure and dynamics of the nascent personality.* New York: P. G. Putnams's Sons, p.144.

Panksepp, J. (1998). *Affective neuroscience: The foundations of human and animal emotions.* New York: Oxford University Press.

Pellegrini, A. D. (2002) Perceptions of play-fighting and real fighting: Effects of sex and participant status. In J.L. Roopnarine (ed.) *Conceptial, social-cognitive, and contextual issues in the fields of play*, Play & Culture Studies, Vol.4.

Reece, T. S. (1998) Sandplay process of a boy with complex partial seizures, *Journal of Sandplay Therapy*, Vol.7(1), 89-107.

Richard L. (1983) *The new natural history.* New York: Merrill & Baker.

Smith, P. K., Smees, R., Pellegrini, A. D. and Menesini, E. (2002) Comparing pupil and teacher perceptions for playful fighting, serious fighting, and positive peer interaction. In J.L. Roopnarine, (ed.) *Conceptional, social-cognitive, and contextual issues in the fields of play*, Play & Culture Studies, Vol.4.

von Franz, M. L. (1972) *The feminine in fairytales.* New York: Spring publication.

第Ⅲ章
箱庭療法と「遊び」の深層心理

事例	子ども	年齢	症状あるいは診断名
A	クリス	11歳	うつ状態を伴うPTSD、ODD
B	ロン	11歳10カ月	ODD、部分的発作障害
C	マイク	10歳	双極性障害、ODD、PTSD
D	デイジー	10歳11カ月	多動（ADHD）、暴力（ODD）
E	ブルース	9歳	抑うつ状態、ADHD、ODD
F	ルネ	11歳	ADD/ADHD、学習障害
G	ビル	11歳	ADHD、ODD、うつ状態

本書の目的は、箱庭療法を実施して、重度情緒障害児たちがどのような治療経験をしているかを記述することであり、第II章でそれを事例研究法によって個人別に検討してきた。ここでは、その個人別のものを総括的に見た場合に浮かび上がった箱庭療法の側面を検討することにしたい。

1 対象者の背景──その類似点と相違点

　全体を通して概観するために、事例対象者の背景を、以下にもう一度纏めておく。

1 対象者の背景
年　齢：9歳1名、10歳2名、11歳4名である。
男女別：男児6名、女児1名。
診断名：ODD（反抗挑発症／反抗挑戦性障害）は7名全員で、その内4名がADHD（注意欠如・多動症／注意欠陥・多動性障害）、そして2名が抑うつ症状、2名がPTSDを併存している。

2 対象者の乳幼児期の背景
　7名のうち、4名の母親が妊娠中に麻薬を常用しており、子どもが胎内で麻薬に曝されている。その母親が服役したり、行方不明になったりして、子どもは生後間もなく母からの別離、喪失を経験している。その他、母親が病気であったり、子どもを虐待したりしたために引き離されている者が3名。
　では、誰が子どもたちを養育しているのかと言うと、祖父母が引き取っている者が5名、その他の親族が2名である。
　父親はどこにいるのかということになるが、7名のうち、現在わずか2名が実父と生活しているが、幼少時にその父も麻薬で服役していて、その間は施設か祖母に養育されていた。1名は父母が子ども3人を放棄したために、祖母が引き取っており、最近その父親が姿を現し、子どもたちと接触がある。しかし、父親には別の家族が出来ているので、祖母が継続して養育している。1名は乳児期に父と死別。1名は父が不明。現在、実母と生活している子どもは3名で、母子家庭であり、大勢の子どもを抱えていて、生活保護を受けている。

2 カルフの自我意識の発達段階再考

第Ⅱ章のまとめの一部として、カルフの自我意識の発達段階から各々の事例を比較検討してみた（表2）。ここで、その段階を簡単に説明しておこう。

カルフはまず、箱庭療法の土台、母子一体の関係性が治療関係としてあることを重視している。カルフはこの段階を自我意識の発達段階には含めていない（河合編、1969）。母子一体性に続いて、第一は動植物段階、第二は闘争の段階、第三は集団への適応の段階としている。

しかし、筆者はカルフの発達段階を臨床の観察から、ここで以下のように修正を試みた。

表2　自我意識の発達段階による比較

事例	クリス	ロン	マイク	デイジー	ブルース	ルネ	ビル
Session 1	Ⅳ	Ⅳ	Ⅴ	Ⅴ	Ⅰ	Ⅰ	Ⅳ
2	Ⅴ	Ⅳ	Ⅳ	Ⅳ	Ⅰ	Ⅱ	Ⅳ
3	Ⅳ	Ⅳ	Ⅳ	Ⅳ	Ⅰ	Ⅲ	Ⅳ
4	Ⅳ		Ⅳ	Ⅳ	Ⅰ	Ⅲ	Ⅳ
5	Ⅳ	Ⅳ	Ⅳ	Ⅳ	Ⅰ	Ⅲ	Ⅳ
6	Ⅳ		Ⅳ	Ⅳ	Ⅰ	Ⅲ	Ⅳ
7	Ⅳ	Ⅳ	Ⅳ	Ⅳ	Ⅰ	Ⅲ	Ⅳ
8	Ⅴ		Ⅳ		Ⅰ	Ⅲ	Ⅳ
9	Ⅳ		Ⅳ	Ⅳ	Ⅰ	Ⅲ	Ⅳ
10	Ⅲ-Ⅰ	Ⅳ	Ⅱ	Ⅳ	Ⅰ	Ⅲ	
11		Ⅳ	Ⅱ	Ⅱ-Ⅳ	Ⅱ	Ⅴ	
12	Ⅴ-Ⅰ	Ⅳ		Ⅰ-Ⅳ	Ⅴ	Ⅴ-Ⅰ	Ⅳ

Ⅰ　［第一期］母子一体期　　Ⅱ　［第二期］植物段階　　Ⅲ　［第三期］動物段階
Ⅳ　［第四期］闘争段階／女子は家庭や和の段階　　Ⅴ　［第五期］社会適応段階

［第一期］母子一体期——ウロボロス期

筆者はこの段階を自我の発達以前の段階ではあるが、自我を含めた人格の発達の基盤としての母子一体期、ウロボロス期をあえて第一期としておきたい。

この段階でみられるイメージは円形、渦巻き、迷路、池や山など地形を作ったり、旋回、回転する運動。中心性を表す身体を使った遊びを挙げることができる。

実はこの時期に表される箱庭のイメージは関係性の存在、たましいの顕現、

セルフのイメージなどと理解されるもので、心の発達のかすかな、しかし確かな兆しを目で見ることができる。箱庭療法ならではの重要な段階で、カルフはこのときの円のイメージをセルフの顕現とみていて、これをクライエントの箱庭表現に認めて初めて、治療関係の確かさを知ると言う。

ということは、母子一体性から生じた関係性のイメージが円とすると、それにつれて、例えば円の中心に一点が打たれた状態はそこに自我が芽生えた徴(しるし)と象徴的にみることができ、セルフと自我の関係性が生まれたと考えられよう。

[第二期] 植物段階

ここで信頼関係が成立して初めて、自我の芽生えがみられる。しかし、それは未だにその胎児的な生命力しか持ち得ていないゆえに、十分な温かい守りとケアが必要となる。箱庭のイメージとしては、木の芽、木、森、草木、四季を表す樹木、花や花壇、果物など。枯れ木や切り株、流木なども含まれる。

[第三期] 動物段階

この時期には、自発性や主体的な自我の動きが現れる。母体から分離をし始める時期である。活動的で自己主張を始めるが、まだ、自我は未熟であって自己(無意識、母なるもの)からすっかり独立をするところまでは行かず、母の保護のもとに活動、自己表現をしている。

イメージとしては、犬猫の身近なもの、家畜などから、動物園の動物、それから野生の動物などで表される。それらが本能的なエネルギーを表すと考えられる。特に、恐竜などすでに原始時代に絶滅した動物が使われるときには、発達的な見方と臨床的な見方の両方から検討する必要がある。発達的には5〜6歳の男児が好んで使うが高年齢で使われるときには、原始的な情動または破壊的なエネルギーの表出として、臨床像から観察することも考えられよう。

[第四期] 闘争段階

これは特に男児に特徴的である。活性化されたセルフと発達途上の自我とは絶えまない葛藤、戦いの状態にある。筆者は女児はその代わりに家や家族など、和を強調した発達のあることを観察している。木村の研究でも学童期の女児に戦いの遊びは見られないと報告されている(木村、1997)。

女性性の関係性は和で表され、文化の中で既に子どもたちの発達と結びつい

ている(目幸、1985/1990)。ところが興味深いことに、筆者の経験では9歳(4年生)の女児が闘争のテーマを表現することに度々遭遇しており、8歳児ではみられず、10歳になって戦いをする女児の事例には出会ったことがない。

[第五期] 社会適応段階

　社会、集合体への関わりは、年齢的には11〜12歳からみられると考えられるが（Bradway, 1981）、情緒障害児の場合では必ずしも年齢によってこれを期待できず、心理的な発達段階、臨床的な病態によってその箱庭表現はさまざまである。

　箱庭療法でよく見かけるのは、一方通行であった車の流れが2車線で行き来があるものに変わったり、閑散としていた村里や環境、町の生活が活性化し、いかにも充実した統合性のある箱庭空間に変わっていく継続的なプロセスなどで、クライエントの実生活も、それに伴い以前とは異なった適応の様子が語られることになる。

3 箱庭における遊びの表現と事例の理解

　本書に取り上げた子どもたちは重度情緒障害児であるが、DSM−Ⅳの診断名は前記の通りである。そして、適応状態や障害の性質に個人差があることは事例研究で明らかになった。

　例えば、デイジーとルネは共にADHDと診断されているが、両者の箱庭は、内容にもプロセスにも相違がある。ところが筆者は、ある点、例えば感覚運動的な遊びと造形的な遊びが始めから終わりまであるという点、それに象徴的な表現であるが、物語にならないお話、物語以前の話で終始一貫している点で共通している、ということに気づいた。そこで、さらに遊びの種類で比較をしてみようと考えた。複数の事例研究法を選択したために、予想通り7人7様の箱庭のプロセスを観察して、その相違を明白にすることができた。

　この記述は、個別の治療／指導計画のための実証的データとして意義があると考えるが、まだ疑問点があったために、さらに別の観点からの検討を試みることにした。次にそれを紹介することにする。

1 箱庭にみられる7種類の遊び

ここまでの事例研究は主に分析心理学的な観点からその内容を検討してきた。ここで箱庭のプロセスを、「遊び」の発達心理学的な観点からも検討しようと思う。

7つの事例を一覧表にしてまとめるうちに、遊びが7つの種類（詳細については、次ページ以降を参照）に分かれるようになった（図1）。

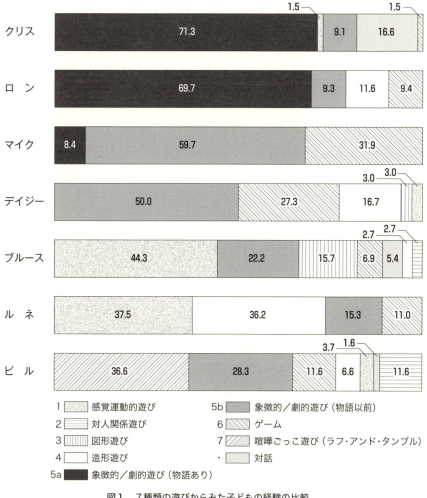

図1　7種類の遊びからみた子どもの経験の比較

⑴ **感覚運動的な遊び（Sensory Motor Play）**

　乳幼児期から始まる意図的な活動で、一人遊び。ボイヤー（Bowyer, 1970）によれば、箱の縁を2〜3歳児はまだ境界として認めていないという。言い換えれば、まだ「私」と「私でない」の区別が明確でなく、内的また対人的にウロボリック状態にあると言える。遊びではグルグル回る回転運動。モノを砂に埋めたり掘り出したりの繰り返し（イナイイナイバア）。メリーゴーランド、水車などの繰り返しの動きをもつ玩具を使ったり、グランプリ、競輪、競馬など円運動のある活動的な遊びの傾向がある。秩序と混沌の繰り返し（Stewart, 1981）である。それから、知覚感覚的な感触、匂い、色彩、光と影。冷たさ、固さ、柔らかい感触などが遊びに取り入れられている。

⑵ **対人関係のある遊び——ままごとやピクニックなど**

　「箱庭の基礎研究」で木村（1997）は、女児は幼児、小学生、中学生の各年齢グループで、箱庭に「家、庭、公園」など小さいスペースで、こじんまりした世界を作ると報告されている。また、山中（2002）も箱庭では家の中に家具が置かれ、その部屋に家族が生活している様子がみられ、家屋空間、秘密の部屋などは、女の子に多い表現であるとしている。

　また、非言語的な対人関係のある遊びでは、交代で隠したものを探し当てる、かくれんぼをゲーム化したり、見え隠れする遊び。言語表現のあるものでは、談判や交渉している劇的な遊び。箱庭でクライエントと治療者が敵味方に分かれて戦ったりもする。対立と和解、調和、親密性を育む。

　対人関係のある遊びには、治療者が「さまざまな役割を子どもから与えられ、子どもは、セラピストに依存したり、セラピストを支配したり、セラピストと対決したりする」（弘中、2000）ことができる。

⑶ **図式的な遊び**

　全体性を表すマンダラや幾何学的な図形が描かれる。感覚運動的に渦巻きを描いたりして、動きとデザインが1つであるような生成発展過程の原点、初期のもの（Kellogg, 1969）は子どもにも大人の箱庭にも見られる。カルフがセルフの顕現と考えている母子一体性のイメージもこれに含まれる。

　このイメージはiPS細胞の誘導多能性幹細胞（pluripotency）のように、それだけでは個体になり得ないが、すべての細胞・組織に分化できる能力を持つ、個性化の原点と言えよう。

　また単なるデザインでゲーム抜きの野球のダイヤモンドなど、静止していて、

硬く生気がない印象を受けるものもある。しかし美的で統合性のあることが主眼で、相補的に動的な影の部分（破壊的なもの）は隠されているか、または自我意識から遠ざけられている状態を表しているかのようで、安定、安全感を感じさせるものなどがある。

(4) 造形的な遊び

砂に水を適度に混ぜて粘土状にし、トンネルや山や川など地形を表したり、砂の城や建造物（立体曼荼羅(マンダラ)）を作る。洪水などの単純な泥遊び的なものから複雑な立体的なデザインまでさまざまであるが、制作に迫力があり、制作者に満足感を与える。例えば、砂の城を作ることを毎回繰り返して次第に上手に仕上げることになったなども、単純であるにもかかわらず、モティベーション、やる気を募らせる遊びであり、注意力を集中しタイミングを体得する経験となった。

しかもそれはクライエントが自発的に始めた遊びであり、心身のバランス、知的な発達など、練習を積んで上達していくプロセスは、クライエントの精神発達に価値あるものである。また、身体自己から自我意識が生まれようとする過程の遊びとしても注目に値する。

(5) 象徴的／劇的な遊び

3～4歳から想像的な遊びが始まる。箱庭では、いろいろな玩具が雑然と散乱しているような状況が表される。渾沌として、混乱したような状況を表したものが治療初期に現れやすい。いわゆる、話のタネが撒かれたばかりで、いろいろな、得体の知れない要素がお互いに関わりもなく共存している、そんなお話以前の状態である。

それが、治療関係に育まれると、言わば、生きる要素、消えてゆく要素が振り分けられるように、大事なものに息がかかり、血が通うことになる。物語以前の物語に続いて、尻切れとんぼで道草的な話の繰り返しや、目的を忘れてしまったような、未完結の物語がある。そしてさらに、起承転結が明確にあって、複数のテーマやドラマが組み合わされた複雑な物語もあれば、簡単な筋で完結している物語もある。この心の語りの段階で、心理的な発達の程度を見立てることができ、例えば、物語以前のお話、起承転結のあるお話などと評価できる。

箱庭の遊びでは子どもが空想とか創造的な心の働き、葛藤など言語で容易に表し得ないことなどを自在に試すことが可能であるので、知的／情緒的な発達を促し育むことが無理なくできる。

セッションごとに、1コマ1コマ心のドラマが演じられ、継続的に物語の流れを見てゆくと、子どもの心のドラマの本流と支流の布置が次第に見えてくる。「流れ」を重視することで、そこにある障害物の意味、癒しの過程の全体像が把握しやすくなるように思われる。

(6) ゲーム

点取りゲームで治療者と競う。劇的な物語や、遊びの中に儀式的なゲームが行なわれることもある。ルールが含まれるので、秩序や社会性の発達に関係すると考えられる。また、勝ち負けを超えて、遊びが続いていくようにルールを臨機応変に変えていくといったゲームの仕方も、子どもたちは考え出していく。

(7) 喧嘩ごっこ、レスリングマッチなどのドタバタ遊び (Rough and Tumble Play)

これは、生後しばらくたった動物の子どもに見られるもので、嚙み合ったり、ふざけ合ったりする姿は野生動物のドキュメンタリーでお馴染みのものである。これで子ども仲間の序列が決まるところから、社会性につながる発達的に大切な遊びと考えられている (Solms & Turnbull, 2002)。特に神経生理学の分野で情動の回路と並んで、この取っ組み合い／喧嘩ごっこ (Rough and Tumble) の遊びの重要性を認めて、これが睡眠と同様の平衡関係にあり、例えば、遊びが不足すると、それを挽回しなければならない生理的な状態があるという。最近注目されているADHDの増加について、パンクセップは、この遊びが子どもの社会生活に不足しているからではないかと言う (Panksepp, 1998)。

② 遊びの個人的差異と共通性

(1) 感覚運動的な遊び、「深い遊び」について——ブルース、ルネ、クリス

治療のはじめに、子どもたちに砂と箱を紹介することの意味については前に述べたが、ここでもう一度簡単に触れておくことにしたい。

このSEDの子どもたちに接して、筆者が治療者として大変なチャレンジだと感じたことは、上記に示したように、子どものほとんどが早期に母または擁護者から別離したり、擁護者や施設を転々とした背景を持って現在に至っていることである。そして現に、彼らがいろいろな問題行動や情緒障害に病んでいることである。いわゆる、ノイマンのいう母子関係が早期に損なわれた経験を持つ子どもの現状に直面して、治療者としてそれにどう対応するのか。治療者にいったい何ができるのかというチャレンジがあった。

筆者は、まず原点から始めるよりほかに手はないと考えた。即ち、母子一体

性の欠損を、治療者との共転移（co-transference）の経験を通して修正をすることしかやれることはないと考えたのである。

そこで、スキンシップを具体的な形でまず体験させることに思い至り、柔らかい感触の砂に触れ、硬い手応えのある限界、容れ物の内側、箱の感触を直に覚えるように促した。この導入は母との接触、感触をカタチ、原型として身体と心に印象づけることを意図している。

これはアラン（Allan, J.A.）が自閉症の心理療法で施行した「抱きかかえる」方法（Allan, 1986）の具体的直接的な身体ごとの抱え込みと比べると、象徴的で内的な抱え、抱えられる空間を具体的な体感でイメージさせる、象徴を通して覚えさせることにある。

ブルースは完全癖がある。言い換えれば、その防衛によって不安から免れようとする。砂の表面をきれいに均す動作を繰り返し、それからブルースは遊びを始める。

ルネの場合はもっと極端で、この繰り返しの動作が10分、15分と続く。それから、やっと仕事が始まる。この感覚運動的な、うだうだした遊びを抜きにしては動きがとれない。この身体の動きと視覚感覚的な刺激を通して、心がまとまりを体得していくようだ。まとまった仕事への足場を固めているような感じである。

この繰り返しをなくすことがその時点での治療目的ではない。ルネにはこれが必要である。ピアジェ（Piaget, J.）によると感覚運動的な遊びを「練習の遊び」に含めていて、ごっこ遊びが感覚運動的な遊びから知的な遊びへの移行を表していて、子どもは環境を真似たり、順応したりする制御から始めて、周りのものを取り入れ、環境を自分の思い通りに変えて同化することで制御できるような発達を遂げるという（Piaget, 1962）。感覚運動的遊びが基底にあって、ごっこ遊びの知的な遊びへの発達が可能になるのである。

クリスもある時点で、失敗から立ち直るためであろうか、自発的に黙々と泥まみれになったビー玉を水できれいに洗いながら堪能している。彼の場合は、自己の深みとの戯れというか、何かしら味わいのある感じを見る者に与えた。そこで、筆者は深い遊びの意味を再認識させられた。これが「私」と「私でないもの」、自分の中の「自ら（みずから）」と「自ずから（おのずから、自分の中の自然）」（目幸、1985）、「自我」と「自己」との戯れ、交わりを意味しているのだと思う。

(2) **対人関係のある遊び——デイジー、ビル**

　デイジーは、海辺で母と子どもがくつろいでいるシーンや、ピクニックでくまのプーさんの仲間たちが楽しいひと時を過ごしている場面を表現した。そして繰り返し作られた「魔女の城」では、3人の魔女たちが、料理をしたり、庭仕事をしたり、昼寝をしたりして、お話があるというのではないが、和やかな雰囲気を醸し出していた。言葉で物語られるというのではなく、この生活全体が凝縮された、諸々の景色、営み、色彩とか和音といった詩的なイメージで訴える語り、物語とは対照的に、見る者に感じさせ、想像させるような性質を持っているように思われる。

　ビルの遊びは、直に治療者を相手のままごと遊びである。箱の枠には入らない床遊びで、退行を意味しているようであった。彼が十分に本性を発揮し、思う存分楽しんでいる世界に共存して、気味悪い世界さえも微笑ましく感じられた。

　この、ごっこ遊びの役割の反転で、治療者はビルの心境を共感できる機会を得たのだと思う。

(3) **造形的な遊び——デイジー、ルネ**

　デイジーの砂の城作りを回を追って見ると、その仕事の目的が明白になる。運動感覚の協同作業（運動神経が発達する）ができるようになる。身体の動きのタイミングやバランス、呼吸、間がとれる、といった一連の働きが、まとまってできるようになる（右脳の発達に関係している）。「学習」という点で大切な達成感が経験できた。

　デイジーには、じっと座って勉強することができないという大問題があり、ADHDと診断されている。まず、集中することができないので、何もやる気がしない。ところが彼女が自発的に始めた砂の城作りが、その大問題を自ずから解決することになった。うまくできることで自信がついたのは城作りだけでなく、勉強のほうにも還元されていた。それはやる気が育まれ、モティベーションが出てきたからであろうか。

　ADD／ADHDを患う人の多くが、モティベーションがないことで本人も周囲も悩まされると言う（Brown, 2005）。出来合いの魔女の城に取って代わる自分の城を、濡れた砂を鋳型に詰めて作っている。それが最終回で視覚的にも変化し、大きな山の造形になる。身体−自我／自己の形象であると思われる。

　それに比べ、ルネの造形は最初から乱れるところがないキチッとした出来映

えである。箱庭では、彼の「ありのままの自分」を思う存分発揮している。教室でも家庭でも見ることのない、ルネの自信満々の表情が現れる。彼の制作から判断して、ルネは未だに身体と心が一体のままの心理的な発達段階にいて、中心の元型、人格の中核の生成／修正に専念しているようである。人格の基底になる関係性が幼児期に損なわれたのであるから、彼の場合も、その心的外傷の癒しと発達が共に絡んでいる。

　ルネの多動性が単に母の喪失に由来するだけでなく、胎内で麻薬に曝されていることも原因として加わっているとするならば、なかなか大変である。社会への適応という段階に至るまでにはまだ道程がありそうである。治療のプロセスを最初から振り返るとき、終わりのほうの真っ直ぐに男の子と女の子が井戸の前にいる作品（写真F-17）、そして最後の盛り土の上に立ったレゴの城（写真F-18, 19）は、治療者に彼の将来に対して希望を抱かせるものであった。造形的な遊びを通して、心の発達、自我意識の強化を目の当たりにしているようである。

(4) 図形的な遊び────ブルース、デイジー

　これは、ブルースのマンダラが例に挙げられる。マンダラの展開と変容が治療の流れとともにみられ、また日常生活とのつながりも語られたところで、内的世界と外的世界との関わりが密になったと思われる。デイジーの最後の作品である「大きいハートと小さいハート」は見るからに愛らしい。小さいハートも色ガラスのビーズでなぞられていて、大きいハートの中に納まっている。共転移のイメージと言える。

(5) 物語のある遊び────クリス、ロン、マイク

　クリスとロンの物語には、単純ではあるが劇的な起承転結があり、問題提起、それに対する働きがあって、終結、結果がある。

　クリスは初回に、心的外傷を再現したような壮絶な状況を箱庭で演じる。人間が恐竜の子を殺害したことで、恐竜の逆襲に遭い、町は全壊。人間は主人公のレックスをも殺害し、町は一応安泰になる。この物語のプロセスから、治療者はこれまで誰にも知られていなかったクリスの問題行動の心理的な背景、布置を思い巡らせることになる。箱庭の物語が、子どもの心象風景、日常生活と治療者との関係などとの布置、そのゲシュタルトを見せてくれる。クリスの「自殺する人の救助」では、彼自身の中の自殺する者とそれを救助する者、その両者をつなげたドラマになっている。

これはロンの物語でも然りである。蛙大王がサメの襲撃に汚染され、それからどう立ち直るか、その癒しのプロセスを語っている。ここでも治療者は、ロンの心理的な衝撃とそれにまつわる心理機序を思う。無意識からの強烈なコンプレックスの襲撃（サメ）に飲み込まれて自我意識が力を失い、助けを求めて泣き叫ぶ。教室で観察された彼の問題行動を筆者が思い起こすと、あのときのロンの絶叫している心境が、箱庭での遊びで展開され、解決策を示し、内的な苦悩する心境を反転させている。その全体像を推察する機会に恵まれて、治療者は彼の心理的なニーズに思い当たるのである。

　物語の持つ「つなぐ」機能（河合、2001）がクライエントの心の内と外、意識と無意識をつなぐばかりでなく、聴く者、立ち会う者の心をもつなぐ、共感を呼ぶ。その共感に応じて、制作者も聴く者の心をも物語に織り込んでゆく（山口、2001）。

　クリスの「自殺者の救助」などはその両者が「織り込まれる」例であろう。立ち会う治療者の注目する一点がクリスの焦点と一致する一瞬。自殺者の救いを求めるかのような手にクリスの手が伸びる。救急車は待機しているが、話はそこで終結。そして、クリスの日常生活の行動にその後の展開がみられ、彼の生活態度に変化が起こっている。彼の深層につながれていたトラウマの中核が形を変えて、意識界に浮上し、破壊的なエネルギーは自己表現のための創作、物語に変容した。

　［話の生まれる以前の物語］マイクの場合、初回に語られた自叙伝的な物語はそれっきりで、その後には、物語以前の物語、話のない話が語られる。平和で豊かな理想郷が描かれたり、壮大なスケールの軍隊と怪物の戦いが繰り広げられるが、展開はしない。これはデイジーの物語でも同様で、その状況説明があっても、一貫して語りのない話の繰り返しであった。

　治療者はそれを不審に思ったり、自己懐疑に陥ったり、悩まされたりしたが、それにはそれなりの意味があることを認めて思い直し、言葉のない語りに心を傾けて聴いていった。そして、この話以前の話が語るものが、すなわち治療者と子どもとの心の通った共同作品なのだと認識することで疑問や不快感に耐え、心の緊張と安らぎを得ることができたように思う。この態度を維持することが、話のない話、卵を暖める母鳥がその胎動に波長を合わせて待つように、心の耳を傾けることを可能にするのである。

　箱庭の物語は多くの場合、1回ごとに完結になる。デイジーの箱庭の制作も毎回ちょっとだけ、何処かが違っている話になったり、または、時にまったく

違ったテーマが語られる。クリスの場合は個人的な悲劇が象徴的に次々と語られ、それがおおよそ語り尽くされた感じの頃に、まったく新しい語りがその静かな沈黙の中で生まれ出てきた。それは、筆者にはクリスの心的外傷の根源的な語りを含む物語のように思われ、これまでの物語の深層に触れるもののようであった。彼も病んでいる社会の痛みを背負っている。そして、彼の病んでいるアイデンティティを根底から癒そうとする彼なりの意図のみられる物語が最終回に現れ、意義深い印象を受けた。

(6) ゲーム、おはじき、的当て、儀式的なゲーム──デイジー、クリス、ロン

　子どもたちはどの子も、的当て（ダーツゲーム）を好んでやった。点数で競い合うときもあれば、自分の最高点を凌ぐことで頑張る者など、とにかく気が済むまで身体ごと熱中することができて、注意力を集中させることができると同時に、やる気を湧き起こさせることのできる簡単な遊びである。

　おはじきはデイジーのお決まりの遊びで、毎回繰り返し、勝負と言うよりは、床に座り込んで二人で遊ぶといった身近さを感じさせた。安心できる二人関係である。そしてお互いにゲームをつなげるために、心の何処かで勝ち負けで遊ばれたりしている、ユーモラスなものであった。加減もしている。クリスのシーソーゲームは強者と弱者がそのお互いの立場で遊んだり、物語の一部としてゲームが表現されるが、野球などはよく形として表される。ロンは儀式的なゲームで王位継承のための競技を演出していた。

　クリスがビー玉のゲームのルールをThに教えようとしたとき、彼のしっかりした知的な心の働きがあることを、また、倫理、道徳心の発達の基盤がしっかりとあるように筆者には感じられた。

(7) 喧嘩ごっこ遊び（Rough and Tumble Play）──ビル

　箱庭の利点は、遊ぶ人の想像に任せて、どんなふうにもそのスペースとミニチュアを駆使することができるところにある。特にラフで危険なまでの格闘や喧嘩ごっこ、危険を極めた動作さえも、やろうと思えば、ちょうどビルがやったようにレスリングマッチも、この枠内で十分にできる。立会人がレフリーのときもあろう。

　この遊びは、感覚運動的遊びが一人遊びであるのと比べ、ラフな大格闘のような遊びは相手を必要とする。むちゃくちゃのようでいてルールがあり、暗黙の約束がある遊びで、ただの喧嘩ではない。それを無視したり、度が過ぎると喧嘩になることがある。

神経学者のパンクセップは、この遊び、すなわち遊びのうちでも特にラフで喧嘩のような遊びを取り上げて、これが幼少児にとっては睡眠と同様の平衡原理が働いていると言う。眠りが不足すればそれは補充しなければならないように、このラフな遊びが欠乏すると必ず機会があるごとにそれを挽回しなければならない。この遊びが発達にとって、特に社会性の発達の原点として大切な機能を果たしていることが考えられている。

③ 診断名と発達心理学的観点からの検討──ADHDの子どもの遊び

　表2を作成して、ADHDの診断名を持つ子どもたちの遊びには、いずれも語りがないことに気づいた。あっても物語以前の物語で、語りに起承転結がない。
　そこで図2を作ってみると、ADHDの子どもたちに共通する遊びとしては、感覚運動的な遊び、造形遊び、ゲーム、喧嘩ごっこ遊びなどが目立つ。いずれも、運動を伴う遊びである。
　目に見える形でADHDの特徴が表されるのは珍しいのではないかと思うので、今後これについて更なる研究を進めたいと考えている。

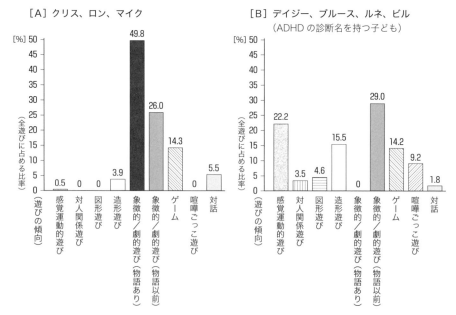

図2　クリス、ロン、マイクの遊びとデイジー、ブルース、ルネ、ビルの遊びの傾向の比較

4 結果について

　本書における研究では、箱庭療法が治療法として有効であるか否か（efficacy research）や、治療成果、アウトカムを研究課題にしているのではない。箱庭療法を受けた子どもがどのような経験をしているのか、そしてその結果はどうであったかを記述することにあったので、筆者には良い結果を出そうという思いはまったくなかった。お蔭で、観察者の主観を通してではあるが、臨床上の現象を可能なかぎり、あるがままの姿で捉えることができたと思う。
　それぞれの事例の末尾で、子どもの治療経験をその子に特徴的なテーマに沿って考察したが、ここではそれを総括的な角度でながめ、その結果をまとめてみたい。

　箱庭療法の治療関係を通して、子どもたちは結果的には、一人ひとりの情緒的な、また発達的なニーズに応じ、必要な、また決定的な遊びが可能になるという経験をした。そしてその治療結果もさまざまである。
　12週間の箱庭療法で、クリスとデイジーの場合は、内的にも外的にも変化がみられ、いわゆる、問題行動が改善されて社会適応の傾向が観察されている。
　クリスは、攻撃性や反発的行動が治まり、友人関係や先生との関係が持てるようになった。また、注意力が散漫で多動であったデイジーは、勉強や活動に集中できるようになった。デイジーの例から判断すると、やる気、モティベーションが身についたことによって、注意集中力の向上がみられ、行動や態度の肯定的変化が観察されるようになったのであろう。
　これらの変化は心理療法で最も重視されている「言語化」がなくても起こり得ることであると言える。これらの点は今後深めたい研究課題である。
　しかし、その他の5名はいずれも外的には現状維持で、問題行動が特に改善された様子はみられていないが、入院はしていない。例外として、ルネはクラスの乱暴な生徒から保護されるための入院であった。
　彼らも同様に、箱庭の外ではできないような遊びをし、いろいろな工夫をこらした造形なども制作している。そして治療者にとっては、その子どものいままで知られなかった内的な状況、情緒発達的な現状を、遊びの観察と日常の出来事を通して如実に把握することが可能になった。この実証を通して個人別のケア方針が調整されることになり、今後とも、箱庭療法を継続していくことが

望まれる。

　研究期間の終了直後、治療者は箱庭で相当の変化がみられているにもかかわらず、家族からの苦情を聴いていることに疑問を持ち、探究的にフォローを試みた。それは多動で注意力散漫なルネの事例であるが、その家族との面接で「近所の友だち仲間が悪いので、外へは行かせないようにしている。その子らとは、絶対に遊ばせない」などと語る祖母に一度面接する機会を持った。祖母は子どもの世話には大変熱心で、ルネにいつも清潔で良く似合う服装を用意している。ところが、子どもの発達についての理解がなく、過保護的なコントロールで子どもの心身のニーズを満たすことができていなかった。このような擁護者が背景にいることを知り、今後どのような対応をすることがいいのかを考慮する必要があるだろう。

　このように家族との親密な交流が大切で、その家族の許容範囲での臨床的な関わりが持たれねばならない。家族はしばしば、さまざまな限界、例えば、貧困、低学歴、大所帯などがあるために、治療者チームの推薦する治療方針や適切な介助を理解できなかったり、そのためにそれらを受け入れ、利用することができないことがある。

　その現状に対応するために、個人別の実践を踏まえた具体的に目に見える材料を用意して、ステップ・バイ・ステップ（手取り足取り）の教育指導的なアプローチをとることも有効と考えられる。

［文　献］
岡田康伸（1984）『箱庭療法の基礎』誠信書房
岡田康伸（2002）「箱庭療法の歴史――カルフを中心に」岡田康伸編『箱庭療法シリーズⅠ　箱庭療法の現代的意義』現代のエスプリ別冊、至文堂
河合隼雄編（1969）『箱庭療法入門』誠信書房
河合隼雄（2001）「『物語る』ことの意義」河合隼雄編『講座心理療法 第2巻　心理療法と物語』岩波書店
木村晴子（1997）「箱庭表現の諸相――幼児から青年まで」『発達』Vol.71(18)、pp.9-17.
東城久夫（2002）「学校から――子どもと攻撃性」岡田康伸編『箱庭療法シリーズⅠ　箱庭療法の現代的意義』現代のエスプリ別冊、至文堂、pp.172-184.
弘中正美（2000）「遊びの治療的機能について」日本遊戯療法研究会編『遊戯療法の

研究』誠信書房、pp.17-30.
三木あや・光元和憲・田中千穂子（1991）『体験箱庭療法──箱庭療法の基礎と実際』山王出版
目幸黙僊（1990）森文彦訳「自己実現としての仏教経験」『仏教とユング心理学』春秋社　Buddhist experience as "Selbstverwirklichung" (Self Realization). In J.M. Spiegelman and M. Miyuki (1985) *Buddhism and Jungian psychology*. Phoenix, Ariz: Falcon Press, 171-184
森谷寛之（1995）『子どものアートセラピー──箱庭・描画・コラージュ』金剛出版
山口素子（2001）「心理療法における自分の物語の発見について」河合隼雄編『講座心理療法 第2巻　心理療法と物語』岩波書店、pp.115-151.
山中康裕（2002）「箱庭療法の解釈」岡田康伸編『箱庭療法シリーズⅠ　箱庭療法の現代的意義』現代のエスプリ別冊、至文堂、pp.135-142.
Allan, J. A. (1986) The body in child psychotherapy. *The body in analysis*. Chiron Publication.
Bowyer, L. R. (1970) *The Lowenfeld world technique: Studies in personality*. London: Pergamon Press.
Bradway, K. (1981) Developmental stages in children's sandworld. In K. Bradway et al. (eds.) *Sandplay studies: Origins, theory and practice*. San Francisco: C. G. Jung Institute, 135-156.
Brown, T. (2005) *Attention deficit disorder: The unfocused mind in children and adults*. Yale University Press Health & Wellness.
Kellogg, R. (1969) *Analyzing children's art*. Mountain View California: Mayfield Publishing Company.
Panksepp, J. (1998) *Affective neuroscience: The foundations of human and animal emotions*. New York: Oxford University Press.
Pellegrini, A. D. (2002) Perceptions of play-fighting and real fighting: Effects of sex and participant status. In J.L. Roopnarine, (ed.) *Conceptial, social-cognitive, and contextual issues in the fields of play*, Play & Culture Studies, Vol.4.
Piaget, J. (1962) *Play, dreams, and imitation in childhood*. New York: Norton.
Smith, P. K., Smees, R., Pellegrini, A. D. and Menesini, E. (2002) Comparing pupil and teacher perceptions for playful fighting, serious fighting, and positive peer interaction. In J.L. Roopnarine, (ed.) *Conceptional, social-cognitive, and contextual issues In the fields of play*, Play & Culture Studies, Vol.4.
Solms, M. and Turnbull, O. (2002) *The brain and the inner world: An introduction to the neuroscience of subjective experience*. New York: Other Press.　平尾和之（2007）『脳と心的世界』星和書店
Spiegelman, J. M. and Miyuki, M. (1985)
Stewart, C. T. (1981) Developmental psychology of Sandplay. In K. Bradway et al. (eds.) *Sandplay studies: Origins, theory and practice*. San Francisco: C. G. Jung Institute, 39-92.

第Ⅳ章
セラピストの経験
治療者の情緒的経験は治療効果に影響するか？

1 気づきと熟考

1 気づき

　セラピーを始めて4～5週間した頃、筆者は時には微妙な、時には情緒的に強く動かされるような出会いが各々の子どもとの間にあることに興味を持つ。しかも、何かセッション外の筆者の私生活にまで影響を及ぼしているように感じられたのである。

　ある日、自宅で用事をしているとき、たびたび理由もなく微笑んでいる自分に気づく。何か静かに幸せに満ちている感じである。これはもしや、子どもたちと楽しんでいる情緒的な経験の集積が影響しているのではないかと思う。そこで、「セラピストの情緒的な瞬間」をセラピストの経験の1つとして注目し、これをアウトカムとの関連で発見探求的アプローチ（Moustakas, 1994）で検討してみようと考えた。

2 治療者の経験した感動的な、または印象的な瞬間／出来事

　治療者が経験した「感動的な瞬間／出来事」を定義するならば、それは驚きの瞬間、シンクロニスティックな畏敬の念を感じるときなど、直感的に「何かが起こった」と知るときである。現象学的には「意味」ありと体験し、感じ取る瞬間を指している。

　この瞬間は、今までの進行中の過程に突然起こるプロセスの断絶で、身体的に感じた興奮または疑問、「えっ!?」「ぎょっ！」といった腹の底にインパクトを感じさせるほどの突然の変化／シフトである。その内容はと言えば、瞬間に「希望」が見えたり、「現実」に出会ったり、両者の「本性」が顕われた、何かそんな予想の及ばない現実の経験の瞬間である。

　日本で禅の修行を積んだユング派の分析家であるゲラート（Gellert, M., 2001）は、「何かが突然に意識のギャップの間隙、真剣な精神の集中と徹底したリラクセーションの狭間から侵入する突然の啓示の経験、『悟り』と似た経験であろう」と言う。

3 興味深い問題点の追求

　この瞬間におそらくクライエントも、自分の内界からのインパクトと治療者からの情動的な無意識のコミュニケーションを通して、「何か大切な事が起こ

った」と知るであろう。とすれば、その体験の本体、何がそうさせるのか、また、その後に何らかの影響があるものであろうか、または、そのまま以前と同様の過程を継続するのであろうか、といった興味深い疑問が湧き上がる。

　この時点で、デイジーやクリスのケースを調べてみると、そのような「瞬間」のあることに気づき、全ケースを見てみる。すると意外に各々のケースに記憶に残る印象的な、心を動かされた瞬間のあることが明白になる。この治療者の主観的な情緒的経験を通して、クライエントの経験をも対比してみるとどうであろうか？

　クライエントの経験は言語化されることもあるが、ほとんど遊びで意思表示されているので、その前後のセッションの遊びの内容と言語表現を検討すること、そして、この瞬間に至るまでの状況を調べ、その後の子どもの仕事に、またこの共有した瞬間の後の子ども－セラピストのペアに何が起こったか、どうなったかなど疑問が湧き上がる。そこで「治療者の印象」を丁寧に記録することにした。

　シーデル（Seidel, 1998）は質的研究をシンフォニーに喩えて、「どんな複雑な質的研究であっても、それは興味深いことについての気づき、データの収集、そして熟考の3つの音を基調にして構成されている」と、シンプルでエレガントな説明をしている。筆者もこのモデルに沿っていきたいと思っている。

2 データの収集

　データの収集については、本書における研究では、10歳の女児以外は男児で9歳から11歳の6名、計7名である。

　3カ月間の仕事は終わり、各々のケースについて事例の記録をまとめてから、治療者の「印象」と「経験」の部分を抜粋して集める。そして、しばらく心の奥に寝かせ、距離をおいてみる。それからそれらの経験、印象の記録をカテゴリー別に分け分析した。「瞬間」についての拡充は上述の通りである。次に結果のまとめについて検討することにする。

3 結果と熟考（拡充）

　「経験」についての記録をまとめると、個人レベルの自己開示と元型レベルの自己（セルフ）開示とに大きく二分できる。その内訳は次のようである。

　自己開示について、箱庭療法の場での交流と言語を通じる心理療法とを比べると、箱庭療法の場合、子どもの自己開示は、子どもの行動や箱庭遊び、その制作の観察などによって、実は初めから終わりまで言葉抜きで視覚的に、全心身体的レベルの行動でなされ、セラピストにその言い分が伝えられている。そして、同じレベルで治療者はそれに応じていると言える。箱庭療法の場で、子どもは心の世界を、ありのまま表すように勧められる。「この部屋では、あなたの好きなように遊びなさい。遊びに正しい遊び、悪い遊びってないんだから」というように。治療者はその展開する仕事に臨席する証人でもある。

　子どもの家族歴や個人歴、日常の行動、遊びの中のファンタジー、砂に作られた構成、それら子どもの自己表現を、「世界技法」の初期にローエンフェルトは子どもの「絵の思考」（Lowenfeld, 1979）と呼んでいる。それらの知識を持っている治療者は、箱庭の場に立ち会い、作品を見ることで、この子どもについて、相当に総合的な理解をすることができる。

　また、子どもの世界、思いや気持ちは、時には運動感覚的なモードでも伝えられる。顔の表情、ジェスチャー、リズミカルな動き、ちらっと見る眼差しや見つめる動作、全身的なレベルでの深い沈黙など。治療者はそのスペースに共にあって、子どもと同じレベルで心理的なシンクロニー、ハラ・レベルの転移（河合）、または、ブラドウェイ（Bradway, 1991）の共転移（co-transference）を生きている（Reece, 1995a）。アタッチメント論の情緒調整（affect regulation）で言うならば、治療者は「背景としての存在」として子どもと協調し、子どもの情動の調整のために、その目標に向かって情緒的物質的に支援する（scaffolding）というものである（Schore, 2003）。

　個人レベルの自己開示は、子どもと治療者の間で、太極拳の動きのように淀みない流れ、絶えまない呼吸のように交わされている。治療者は新しく生じる何かの兆しに開かれていて、両者の交流の中に新しく感じられる意味を発見し、その意味を抽出したり、見える要素と見えなかった要素をつなげる作業をする。

　箱庭の制作の形でなされた自己開示は、その多くが物語のない、ファンタジーやイメージだけのものである。それはその場で消えてしまうのではなく、プ

ロセスの記録とともに写真を撮って記録される。子どもと治療者にとって、その実証を通して容易に治療の進行具合も展望でき、反省も折に触れて可能になる。

1 個人レベルの自己開示
(1) 子どもの究極の願望

　子どもの願いは、しばしば砂の造形やごっこ遊びで自己開示される。治療者は直感的に注意を傾けて、心からのメッセージを聴いて、考えていく。

　ルネの賢い器用な手の動きで湿った砂を彫刻家のように形作っていくのを見るとき、心を動かされた。この箱庭の制作過程を通して彼のユニークさが明らかになると、彼に対して筆者は純粋に愛着と敬意を感じた。

　彼は11歳であるが、7歳ぐらいの背丈である。彼の読み書きのレベルも1〜2年生くらいで、英語も彼の母国語のスペイン語も同様に乏しい。あまり話ができないので、担当のセラピストは彼はこの研究の対象には向かないと考えたが、筆者はその同じ理由で適当と判断した。教室では薬物療法を受けていても効果はみられず、多動で、感情の爆発がある。機嫌の良くないときは、1人でコンピューター・ゲームをする傾向がある。

　ルネの1回目の箱庭で、箱の中の工事現場に高い塔を活き活きと作るのを観察した。それからも、毎回高い建造物を作った。**写真F-10**は三重の盛り土に高い木を頂上に立て、その木には緑の蛙と亀がよじ登っている。この創作を見て、治療者は彼の成長への強い憧れを感じた。彼の満ち溢れる生命力で、空に届くほど背が伸びてほしいという本心からの願いがこの作品に表現されている。

　次の例はビル、11歳の男児である。母と5人の同胞と住んでいるが、彼の生活環境はギャングの暴力行為が頻繁に起こる危険な地域にある。6回目のセッションで、砂によってリラックスしてから、彼は筆者に「座って、僕が食事を作るから。それから、目をつぶって、3つの願いを言ってください」と言う。そこでThは「平和、楽しみ、それから幸運」と答える。

　ビルはゴソゴソしている。「僕が作っているんだから、見ないように」と念を押す。そして、くすくす笑いながら、大きなゴムの蛇を筆者の頭と首にドシッと置く。その冷たい蛇の重みを身体／心に受けると、身震いが出てしまう。目を開けると、机の上に美しい花と果物を盛った皿、兵隊を盛った皿、虫と小蛇を盛った皿が並んでいる。Thは大声で恐怖の叫びをあげる振りをする。彼

は机の下に素早く隠れる。

　ビルのメニューには栄養たっぷりのもの、戦い－コンフリクトのもの、それに「無気味な」ものが含まれている。彼の遊びは優しい、いたずらっ子の性質を表し、混乱し苦悩する彼の恐れも、治療者に共に体験させるものであった。Thは、恐ろしい巨大な蛇を治療者に背負わせた遊びに、「本当に誰かこの苦しみを肩代わりしてくれるといいんだけど」というビルの無言の願いを聴く。

　このあと彼は、飛んだり跳ねたり大暴れ（Rough and Tumble）の遊び、レスラーをWWF（World Wrestling Federation）のマッチで戦わせ、高所から代わる代わる相手の上に力任せに飛び降り、殺人的な試合を繰り返す、と言っても遊びで、本物の殺し合いではない。遊びはパラドックスである（Sutton-Smith, 2002）。

(2) 深い遊び

　筆者は印象的なフィナーレに直面して、それらがいったいどの辺りから発生したのだろうと思い、その象徴的なテーマの要素、例えばクリスの例では水と池にあるボス蛙の卵（ビー玉）を初めの頃の遊びに遡って調べることにする。すると、驚くなかれ！　見つけたものはただの「何でもないようなもの」。筆者がまったく注意を払わなかったような遊びが、実は「何か」になる、発展し、展開しているということが分かる。

　例えば11歳のクリスは、盛り土の天辺に穴を開け、そこから横穴（トンネル）を作ってビー玉を転がそうとして水も入れてみた。もちろん、その目的を達せずに失敗し、黙々とビー玉を1つずつ丁寧に水で洗っている。このビー玉と水のモチーフが、彼のもっと意味深いドラマ、半分蛙半分人間のスプリッティングを癒す救済のモチーフへの「きっかけ」となっていくようである。

　もう1つの例を挙げると、10歳のデイジーは不器用な砂の城作りを繰り返し、その遊びに没頭していた。この何でもないような遊び、クリスがビー玉洗いに堪能したり、デイジーが砂の城を繰り返し作るというのが、発生の瞬間、創造の始まりであり、最終段階での有意義な形成（写真D-19、写真D-20）への「きっかけ」であることが分かる。これが筆者にとって新たな発見のように感じられ、丁寧に記録し、普段より多くの写真を撮っていたが、実は知的には、発達的にも心理的にもこのことはよく分かっていたことであったから、驚きである。

　そこで、このようにぐじゃぐじゃして何でもないような遊びには、Thは普段意識的なエネルギーを注がず、そのまま受け止めてセッションを進行している傾向のあることを認めた。この「何でもない」遊びは、実は、喩えて言うな

ら、自我とはるか彼方から訪れる客、セルフとの出会い、交わりとでも言うか、深い遊びの1つの形である。ここで、自我とセルフは両者共に新しい何かを、無意識の中の成長と、個性化の目標に向かう神秘的な変容の過程に関わる何か、を創造している。これは無時限での発生（Moon, 1970）であり、また、この深い遊びは個人レベルでの創造神話の始まりでもある（von Franz, 1972）。

さて、この「深い遊び」の意義に気づいて、ルネの遊びを再認識することになる。彼は遊びの時間の始めに、この何でもない、深い遊びを10分から15分することでスタートする。それから、何か形あるものを作っている。もし、家庭でも教室でも、彼に何かを作ったり、何かをしてほしいと思えば、こうしたうだうだする運動感覚的な遊び、「何でもない」ような遊びを、意味がないからと省略させようとしたり、能率よく結果だけを得ようと指導しても、結局はできないことが納得できるのである。

(3) 再構成された「秘密」

箱庭制作をきっかけにして、痛切な感情を孕んだ秘密が突然に表面化したことがある。次のセッションで、クライエントは一人称であったナラティヴを自発的に三人称の「語り」に変換し、シナリオを再構成した。その結果、否定的で絶望的な感情の状態は、肯定的で能動的な感情へと反転されたのである。この変化には、注目すべき飛躍があると筆者は感動する。

クリスの5回目のセッションで、父と母と子からなる「唯一の生存者」が、竜巻によって破壊された鉄道機関の現場から突然出現した、その事件に筆者は心を揺さぶられる。彼はその箱庭を「ギャップトレイン（脱線の意味か？）」と呼んだ。このシナリオは、心の深層の破壊と再生の両極性を表している。

クリスの初回の箱庭では、子を人間に殺害された恐竜の親が、喪失から来る悲哀と激怒で町を全壊させるところを表現した。#5の原家族像、元型的な聖家族として災害後に生き残った家族のイメージに強く心を打たれる。筆者の心的エネルギーのレベルは、この驚きのために急上昇し、彼の個人的な家族について知りたいと強く思い、次のセッションの心づもりをする。

次のセッションで、クリスに家族のことを尋ねてみると、彼の顔は突然、悲しさと暗い表情に覆われ、頭を机の上に落とし、しばらく、口がきけない状態であった。筆者はそれを静かに受けて、支持的にその突然の変化に応じる。彼は、実父が彼の1歳のときに死亡したと打ち明け、その思い出の突然の表出に震えているようであった。彼の母親も親戚もクリスの実父のことについて、ま

ったく黙して語らずであると言う。彼のカルテには、義父のみで、実父についての記録がない。彼の父について語ることはタブーであったらしい。

　２週間後、彼は１人の男が自殺するシナリオを箱庭で演じる。そのシナリオには、救急車が用意され、その男の友だち２人が「止めろ、止めろ」と叫ぶといった、自殺者の救助作業を計算に入れたドラマである。これは彼の個人的な悲劇とテーマこそ似ていても、まったく違ったシナリオであり、彼の創作である。

　２、３日後、担任の教師に呼び止められ、クリスが箱庭で、自殺者の救助作業に成功した話をしてくれたと報告される。これには、筆者はとても感激する。まるで、彼の運命、「業」（死神）をトリックでやり過ごし、タブーから逃れることに成功したようであり、これでクリスはすっかり葬り去られていた父を抱きとめ、父との生きたコネクションを取り戻し得た感がある。それにも増して、クリスは彼自身の自滅的で、自己破壊的な志向を箱庭の守りの中で遊び、演じ、事態を一変させたとも考えられる。

　この一人称から三人称への飛躍が自発的になされたことは、あっぱれである。元型的な情動から発して、悲嘆の沈黙の心底から客観視する心、抜け出そうとする心の働きが生まれ、そして知的な創作する心に連結されて、飛躍が生まれる。箱庭の自由なスペースで、彼の心はここまで解き放たれ、生きた本物の体験に開かれたと考えられる。

② 元型レベルの自己開示
(1) 宗教体験またはヌミノース体験の意義

　ユング（Jung, C.G.）は、心には構成し秩序立てる機能が働いていて、それがさまざまな元型的な内容を統合することを知った。エディンジャー（Edinger, 1972）はユングの説を解説して、セルフと自我の関係について「セルフは意識と無意識を含む心の全体の秩序立て、統合をする中心であり、自我は人格の意識の部分の中心であって、心の最高の権厳を持つセルフに従属している、セルフは内的な経験上の神であり、創造主のイマーゴ（Imago Dei）と同一である」(p.3)と説明している。

　元型レベルの自己開示はそれゆえに宗教体験と言える。日本語の「開示」の語意の感触を得るために広辞苑を紐解くと、「開示悟入」という熟語を見つけ興味を引かれる。その意味は「仏がこの世に顕われた目的を言い、仏が衆生の知見を開き、教えを示し、悟らせて仏果に入らせること」と書かれている。こ

こでは、仏が積極的に主体的に自己開示、セルフの開示をしている。この開示によって、人々の心が開かれ、より広い全体性を得る。これが仏の出現の目的であるという。

このイメージは、筆者の「瞬間」の経験に似ており、活動的な仏の主体性はユングのセルフの概念、自己実現しようとするセルフに匹敵すると思われる。言い換えれば、あたかも、セルフは積極的に人々の仏性に働きかけて、自我に自己実現の旅、全体性に向けた個性化の過程に参与するように仕向けるように思われる。

次に、西洋の伝統のなかに、この宗教経験を探してみることにしたい。

オットー(Otto, 1923)は、ヌミノース(numinous)な経験を次のように表している。

> 「何にも還元できない特異な経験で、深い感じを伴う宗教体験である。神秘的な圧倒される感じ、荘厳感、最高に魅了される感じ。それに伴うエネルギーと緊迫感、精力、熱情それに興奮」というものである。筆者が特に興味を抱いた点は、彼の「興奮する感じ」「転換する」にさらに加えて、これを「錬金術師が金属から金を造ることと心理学的に対応する」と説明しているところである (p.43、筆者訳)。

オットーの定義するヌミノースはエネルギーが高揚し、内から押し上げる熱意、自信が湧くとか活き活きした心の感触を得る経験を如実に示していると思う。

ユングは書簡の中で、ヌミノース経験の意義を次のように語っている。

> 私にはいつも、あたかも本当に重要な事態と言えるものは、ある強い情緒的な傾向で特徴づけられる象徴的な事件であると思われる。私の仕事で主に関心があるのは、ノイローゼの治療ではなくむしろヌミノースへの接近である。ヌミノースへの接近こそが本物のセラピーであって、ヌミノース経験を積み重ねる限り、病理の呪いから解き放たれる (Jung, 1945, p.377、筆者訳)。

(2) 「宝物」とマンダラ

ブルースは9歳の男児で、教室でも家庭でも問題行動がある。彼の家族歴を

見ると、ブルースが6歳のときに父母が離婚し、彼は父に引き取られたが、それは今も彼が不満とするところである。母の所には隔週に宿泊するが、彼は、父の再婚相手、ステップマザーが親切で彼のケアをよくしてくれるのが居心地悪い。何故なら「僕の本当の母親になろうとしているんだ。だけど僕には本当のお母さんがいるんだから」。〈そうか、ブルースはお母さんが2人いて困っているんだね〉と答えると、「そうだよ、その通り！」と感嘆の声を上げる。彼のイライラしたムードはセラピストの一言で落ち着いていく。そして、われわれ二人のつながりは彼の話を聴くにつれ、遊びを見るにつれ、しっかりとしたものになっていくのが感じられた。

　決定的な瞬間は、ちょうど彼がトラックの前部と後部をつなげるのに「完全に」マッチする部分を見つけることができない苦闘のはてにやって来た。

　「この車輪は完全じゃないよ」と言って、それを置く。「何にも見つからない（1つも完全なものがない）」と手ぶらで肩をすぼめてがっかりしている。〈ブルース、何かを見つけるのを手伝えるといいんだけど、みんな使い古されていて、完全なものがなくってごめんね〉とThが謝る。するとブルースは「いいよ、いいよ」とThを慰めてくれる。これは意外なことだと思う。

　気を取り直したように、ガラス玉やビー玉の入った丸い缶を取って砂箱の所に行く。「いい考えがある！」と言って、新しい遊びに取りかかる。

　ブルースの遊びは何か見なれたもので、「やった！（イェス）」という、喜びが筆者の内心に湧き上がる。円の形と彼のコメントから、彼の遊びの意味の大切さを認識させられる。

　〈これは、完全な円だね。この題は何とつけるかな？〉と尋ねると一呼吸してから「宝物！　かな」と得意そうに言う（写真E-4参照）。

　彼は全体性のイメージを象徴的に表現することができた。これのお陰で筆者はちゃんとした玩具を与えていないとか、「適当にいい母」を彼に与えることができていない悩みから解放されたと感じる。このイメージが彼の第三の母、新しい内なる母のイメージであるのかも知れないと思う。

　彼の箱庭が進むに連れて、筆者はますます感動することになる。そして、ブルースの中心の宝物から螺旋状に広がる作品（写真E-5）の写真を彼の担当の心理の先生に見せると、「ブルースにこんな力があるんだったら、彼の知能指数に10点加えてもいいぞ」と彼は感嘆の叫びをあげたのである。ブルースの抽象的な図形は活き活きしている（写真E-6）。それから、彼の祖母の花畑（写真E-7）

では色彩に溢れ、美しい。このように太母的な、元型的なエネルギーの源泉に触れていても、彼の日常生活では彼にとって不幸な変化──新しいベビー／妹の誕生を控えている。「僕はいやなんだ」と告白している。

　ブルースの創作は美的（Stewart, 1998）で、魅惑的である。彼の自己開示は、彼の私生活を理解するのに役立ったが、しかし、ヌミノースな元型的自己開示は、心理学的に言えば、共転移の基底である「母子一体」感の経験を筆者に与え、彼の悩みへの理解を深め、われわれの治療関係への確信を強めたのである。彼の最終回、#12では、学校のバスが子どもたちをピックアップしている作品で、社会へと、視点が内界から外界へと移っている。

　ブルースの美しいイメージを解釈するために、子どもの遊びを研究していたユング派の分析家、スチュワート（Stewart, 1987; 1996）の次のような説明を挙げておきたい。

　　遊びは、まさに感情に結びついている。というのは、子どもは苦悩や、恐れ、怒りや羞恥といった、はっきりと違った趣きのある情動の関わっている小さなドラマを演じる。子どもは日常生活で引き起こされた感情が何であれ、それを機会あるごとに遊びで演じ、表現する。そして、彼らの遊びの中で、この情動の持つ効果が相補的なファンタジーを通して変容されていくのである（p.274、筆者訳）。

　元型レベルの情動を解放する心理過程について、スチュワートは次のように説明している。

　　心の基底にある原初の生来のイメージは、それに一致する現実にある状況に出会うと、特定の生来の情動が引き起こされる。例えば、内的なイメージ「空虚」が現実の「損失」によって鏡映されるとき、われわれは悲嘆、苦痛を経験する（p.16、傍点は筆者）。

　　この情動は相補的なイメージである最高の価値、究極のイメージ、自己実現したセルフの目的、を引き起す。（例えば）空虚の空しさは自然の美や豊穣によって補償される。ここでわれわれは人間の情緒的な経験の絶頂と深みの幅を表している1対のイメージを発見する（p.19、傍点は筆者）。

(3) ヌミノースを招いた対決

　次のヌミノース経験の例は、デイジーの最終回のセッションで起こったようなことであるが、実際にはその前回が転機であったと思われる。筆者は彼女のまとまりのない遊びに付き合って、疲労感やイライラを感じていた。彼女が砂山を作ろうとしているとき、それを取り崩して「ビー玉で遊ぼうか？」と話しかけてくる。筆者は〈いいえ、いままでやっていたことを続けなさい〉と応答。それまでは、彼女に〈いいえ〉と言ったことがなかったし、指図したこともまずなかった。デイジーは直ちに厳しいちょっと乱暴な口調で「じゃあ、行って恐竜を持ってきな」と返答。

　それで、ある限りの恐竜を集めて渡す。デイジーは「ピカチュウのダブルチーム」と題した作品を作る（写真D-17、D-18参照）。

　大きい恐竜と小さい恐竜が対立して配置されていて、それらの間の象徴的な対決のシーン、彼らの激情、怒りが見えるようである。恐竜は有史以前の絶滅した動物であり、象徴的に言えば、深層の情動と解釈できる。その戦いであるが、遊びである。デイジーは怒って部屋から飛び出さなかった代わりに、遊びでその激怒を暴露し得たと考えられるのである。

(4) エロスとロゴスのイメージ

　そして、次のセッションでは、彼女はとても平静で、注意力の集中された作品を作る（写真D-19）。それは美しく、人の心を暖かくする、大きなハートである。「もう1つ作ってほしい？」と彼女が尋ねるので、「もちろん」と答えると、今一度、彼女は濡れた砂の箱に向かって、一生懸命に機嫌よく制作にかかった。

　彼女は丁寧に巨大な山を盛り上げ、山頂から山裾に向かって螺線形に人形を配置していく。お話は語られなかったが、このヌミノースなイメージの制作に立ち会っていて、筆者は直感的にこれが盛り土に描かれた彼女の個性化の過程の地図――身体／自己の、盛り土の山頂から基底まで下降する個性化の地図と思われたのである（写真D-20、21）。

　彼女はこの1セッションの中で、エロスとロゴスのイメージを表現し得た。このシンプルでパワフルな1対のイメージに圧倒される。上記のスチュワートの引用文にあるように、前回に起こったわれわれの対決が、最高の価値、人格の全体性を活き活きと描写する相補的なイメージを呼び起こしたと考えられる。

　このとき、不思議なことに、筆者がセッションの中で経験していた困惑や疲労感、そうした心の混乱がすっかり晴れているのに気づいたのである。ここで

も、情緒的な状態、ストレスに満ちた否定的な状態からすっかり解放され、平穏で肯定的な情緒の状態に反転することが起こったのである。

　この時点で、デイジーの教師とセラピストの記録、それと前年からのカルテで、三角測量的調査（triangulation; Yin, 1994）をしてみると、その結果、先月が最初の「喧嘩」のなかった月で、「教室での勉強に注意力の集中がみられている」ことが分かる。ちょうど#6のあたりからこの変化が始まっている。この変化はおそらく箱庭の経験が彼女の成長と適応行動を助成した結果と思われる。

(5) ボス蛙の池

　クリスの最終の物語も同様に感動させられるものである。クリスもこの子どもたちのなかでは珍しく、「お話」が箱庭の遊びから生まれ出る子どもであった。「僕はお話を創るのが好きだよ」と言う。

　この箱庭のプロジェクトが残り2セッションになった頃、クリスはそれまでやった遊びの写真を見たいと言う。それで、それまでの数々の苦しい思いを込めた作品を一緒に眺めることになる。それから、彼はしばらく静かに玩具の棚を見ているが、「池を作ろう！」と言う。まったく新しいテーマである。遊びながらのクリスの物語はこんなふうに始まった。

　「池の中にとびきり大きい蛙がいる。ボス蛙が卵を護っているんだ。そこへ泥棒が来て卵を1つ盗んで、その卵を土に埋めて隠している。そこへ、もう1匹の蛙がやって来て、その辺を歩いていると、足に何か触るので探って掘ってみる。すると卵が見つかる。それでボス蛙の所にその卵を返しにいく。終わり」

(6) 半分人間で半分蛙の子どもを救おう

　彼が最後のセッションにやって来たときには、新しいお話が既に出来ていたようである。直ちに、彼が使う物を持ってくるように治療者に注文する。筆者は喜んでそれに応じ、物語が始まった。

　「何かがこの校庭の隅にこぼれるんだ。それは毒なんだけれど。その毒は、子どもたちを半分人間で半分蛙にさせるんだ。男の子が校庭でランチを食べているんだけど、辛子のように見える毒を食べてしまって、半分人間半分蛙になってしまう。他の子どもたちは、その子が半々であることが分かるし、それは誰が見ても彼が「それ」だと分かる。でも、子どもたちは、蛙の卵がこれを元通りにする薬だってことを発見するんだ。そこで、友だちが寄ってみんなで池へ行って、ボス蛙に頼んで卵を貰うことにする。友だちみんなが池の周りに集まっている。おわり」（**写真A-18**）。

(7) 個人から社会へ

　この半分人間半分蛙の子どもの物語を聴いて、驚いてしまう。それは筆者の心に深く響くものがあった。個人的に、筆者も東西の両文化を根っこに持つ半々人間であるから。

　彼の話によれば、この半々人間は教育システムの場で作られており、彼が特殊学級の生徒として、SEDの子として分類されていることに関係しているのではないだろうか。そのレッテルを貼られていることは、おそらく非常に有毒と考えられる。それが不面目なことであり、この子どもたちを疎外し、彼らに馬鹿で、恥ずかしい半人間半蛙と感じさせるであろう。

　彼の話を聴き、彼の作品を見ていると、筆者はクリスがこの問題を癒すこと、自分ばかりでなく、友人を含める半々人間に苦しむ全部の子どもを癒すことを、無意識にでも彼なりに考えていることに気づかされる。箱庭の自由で護られたスペースで、クリスは彼の感じているこの一番大事な問題を、彼なりのやり方でイメージを通して雄弁に表現している。これがクリスのできる地域社会への貢献であろう。

　彼のひどく孤立した、暴力的な爆発行為が、彼を級友から遠ざけるようになってきていた。ところが#7の頃、看護師からクリスが友だちと遊べるようになり、体育でもゲームに参加できるようになっていると報告があり、担任からも、クリスが指示をよく聞けるようになり、協調性が出てきていると報告される。

(8) 片子コンプレックスへの妙薬

　クリスのテーマは、現代人のジレンマと対応している。河合（1989）はアメリカで催された講演で、フロイト（Freud, S.）のときから、現代において見られる現象、「分裂（splitting）」について、日本の昔話「鬼の子小綱」やヨーロッパの話を紹介し、「片子」について検討している。

　片子はセルフの暗い側面に影響されて、人間の世界に住みながら人と違っている自分を意識し、疎外感に耐えられなくなって自殺を選ぶ。筆者も、片子コンプレックスの解消を箱庭療法と夢分析を併用した事例研究を発表した（Reece, 1995b）。クリスも自殺のモチーフを扱いながら、箱庭ではそれが、救助されるようにアレンジされている。片子コンプレックス、半分人間半分蛙の場合も、それに対応する手段が工夫されていることに感動させられる。

　彼の最終回の「物語」は、われわれのジレンマに新たな解決策を語っている。われわれの世界は分裂に満ちている。意識と無意識、心と体の対極、真の自分

と偽りの自分など、二分され、そして、環境に適応するための片側を選択的に発達させて生きている。世界の政治や経済界でも、その力動がわれわれを分裂させ、その中でわれわれは日々、縦横にひき裂かれて生きていく苦悩を経験し、たましいさえ失っていく。

　ユングの心理学は、現代の重要な課題であるこの一面的な適応を癒すことに注目している。クリスはまさにこの自己の分裂という同じ苦しみに耐えているばかりでなく、彼の遊びでこの現状を癒そうと試みているのである。

　われわれは日常、深い情緒生活から切り離されていると思うとき、あたかも「水からあがった魚」のように自分のありのままの命を生きず、自然の要素を失い、人間らしさを失っている状態に生きていると言えよう。池とボス蛙のイメージは、この情動、感情とのコネクションを取り戻す手段として表されているとも考えられる。蛙の卵という薬は、われわれに健全で意味ある生活につながる本物の経験を与える、情緒や感情ということであろうか。そのような分裂を癒す究極の卵こそ、実にヌミノースと言い得る。

4 むすび／考察

　情緒障害児への箱庭療法の効果についての実践的研究の一環として、筆者は治療者の経験を叙述し、7例の事例研究の中から治療者の情緒的な経験の瞬間を捉えた記録を集約してきた。

　治療者の情緒的な経験の瞬間はセルフの自己開示、いわゆる、セルフのイメージの顕現に立ち会うことを含んでおり、これは個人を社会適応への肯定的な結果へ導くエネルギーの発起に、不可欠で決定的なものと思われる。

　遊びに表された2つの自己開示、すなわち「個人的レベルの自己開示」と「元型的な自己開示」の様相を記述した。

　前者は、(1)子どもの究極の願望、(2)深い遊び、(3)再構成された「秘密」であり、後者はヌミノースな経験、いわゆる箱庭療法のセラピストがセルフの経験（Cameron, 2003）と呼んでいるものである。

　情緒的な瞬間のプロセスに注目しているうちに、筆者は治療関係の場の交流にエネルギーの増加を認めた。例えば、希望、熱心さ、新たな側面に疑問が湧き、その探究を深めていくための原動力をそこから得る、といった具合である。

治療のプロセスには心的現実の暗い側面も含んでいる。例えば個人的な心的外傷経験に対決していくこと、否定的な感情やみじめな自我像（半々人間）などに立ち向かっていくことなどである。ここで、筆者は対極の表出と自我と自己との関わりからの相補的な関係のなかで、心的エネルギーの変化、否定的な情動の状態が、反対の平穏な肯定的な状態へと転換、または反転していくのを目撃し、「直に知る」体験をすることができた。
　実践的研究をする研究者として2、3の点に注目すると、7例のほとんどの事例で観察された情緒的な瞬間の繰り返し、再現（replication）から推して、箱庭療法は情緒障害児とその治療者に、このような質の高い治療経験をもたらす可能性があると言えよう。
　普遍性（generalizability）について、2、3の疑問点を挙げておくことにしよう。
　この研究が実際の現場でなされていること、普通の治療のありのままの状況を反映していることからして、類似の構成でこのような環境でなされるならば、これに似た結果を得ることは容易に考えられる。主な問題点の1つは、この研究が箱庭療法に長年の経験を持つ治療者によって担当されている点で、経験の浅い治療者が行なう場合、同じ結果を得ることができるか否かは疑問として残される。この点、さらに研究を要する。理想的には、比較のための実験的研究、未経験者が情緒障害児の事例研究をすることであろう。
　カメロン（Cameron, 2003）は、箱庭療法を長年経験してきた治療者にインタビューし、セルフの顕現を認めるか否かについて研究報告している。それによれば、対象者は「箱庭に現れるセルフの顕現の経験を意味深いと理解している」。そして、「この出来事が発達的にも治療的にも重要な影響を及ぼす」点で、意見の一致をみている（p.134）。「セルフが現れると、箱庭をする者にも箱庭のプロセスにも変化がみられる。そこには、合体、連結そして箱庭をする人にエネルギーの放散がある」（p.135）との結論を得ている。
　このように、箱庭をするクライエントの経験についてはよく記録されている。しかし、治療者の経験や観点は、しばしば報告から欠落している。筆者の研究が、治療者自身の見解や経験が治療の効果にどのように影響するかについて、今後、研究がなされるためのきっかけとなることを望んでいる。
　一般化についてもう1つ考慮するべき点は、治療者の仕事の姿勢、スタイルである。筆者はこの対象者、すなわち、重篤な母性との絆の欠損や子どもの愛着障害（Fahlberg, 1991）の著しい子どもとの関わりで仕事をするうちに、いわ

ゆる「カルフのアプローチ」を適当に調整していく結果になった。

カルフのモードと比較すると、先に記述したように、筆者はかなり活発に関わっていく。促し、お手本を示し、そして、経験を通して臨機応変に「考えながら行動に移す (reflection-in-action)」(Schon, 1983) 必要と感じることを「注ぎ込み、投げ入れる」。

それと同時に、治療の流れに乗って、子どもと共に在ること、新しい状況に慣れにくい傾向のある子どもの、のろさや硬さに合わせていく。写真を撮ることについても、子どもの反応に従って調整している。写真を撮ることは彼らには誇りに思われ、自分の遊びや作品を大切にしている証しであると受け止められているようである。

ときどき子どもたちは写真を見たいと要求する。そして、それを眺めて次の遊びを考える踏み台にしているようである。写真が客体化を助ける材料になり、内省することを促進している。それゆえ、この子どもたちには特にレヴューを遅らせることはしていない。子どもたちにとっては、「いま」「ここ」に二人でいること、二人のやり取りが大切であると思われるからである。

ミッチェルとフリードマン（Mitchell & Friedman, 1994）は箱庭療法の実践的研究、効果の研究の必要性に言及して「どのような場で箱庭療法を施行できるか？　どのようなタイプのクライエントに適しており、効果があるか？」(p.117) といった問題点を挙げている。

筆者は、都心の地域精神衛生センターで重度情緒障害児を対象に箱庭療法の質的効果の実践的研究を実施し、箱庭療法が、この対象者に有益なモダリティーである結果を得た。それに加えて、箱庭療法は子どもの状況と子どもの必要性を発達的、臨床的そして社会心理的、総括的な面から「いま、この現状」でのデータを提供することができる。したがって今後の治療方針を立てたり、治療過程の評価のためにも有益であると考えている。

[文　献]

河合隼雄（1989）「片側人間の悲劇」『生と死の接点』岩波書店

新村 出編（1969）『広辞苑』第2版、岩波書店

Bradway, K. (1991) Transference and countertransference in sandplay therapy. *Journal of Sandplay Therapy,* Vol.1(1), 25-43.

Burchard, J. and Bruns, E. (1998) The role of the case study in the evaluation of individualized services, 363-383. In K. E. Kutash and A. Dudnowski (eds.) *Outcome for children and youth with emotional and behavioral disorders and their families.* Austin, TX: Pro-Ed.

Cameron, S. (2003) Recognizing the appearance of the self in sandplay therapy, *Journal of Sandplay Therapy,* Vol.12(1), 133-142.

Edinger, E. F. (1972) *Ego and archetype: Individuation and the religious function for the psyche.* New York: G. P. Putnam's Sons for the C.G. Jung Foundation for Analytical Psychology.

Fahlberg, V. (1991) *A child's journey through placement.* Indianapolis: Perspectives Press.

Fishman, D. (2000) Transcending the efficacy versus effectiveness research debate: Proposal for a new, electronic "journal of pragmatic case studies." *Prevention & Treatment,* Vol.3, article 8. Retrieved April 13, 2003, from http://journals.apa.org/prevention.

Gellert, M. (2001) Personal conversation.

Jung, C. G. (1945), Hull, R. F. C. (trans.)(1973)*C. G. Jung letters* (2nd ed. Vol.1: 1906-1950). London: Routledge & Kegan Paul, Princeton University Press.

Kalff, D. M. (1980) *Sandplay: A psychotherapeutic approach to the psyche* (Kirsch, H. trans.) Boston: Sigo Press.

Lowenfeld, M. (1979) *The world technique.* London: George Allen & Unwin.

Mitchell, R. and Friedman, H. (1994) *Sandplay: Past, present and future.* New York: Routledge.

Moon, S. (1970) A magic dwells: *A poetic and psychological study of the avaho emergence myth.* Middletown, Connecticut: Wesleyan University Press.

Moustakas, C. E. (1994) *Phenomenological research methods.* Thousand Oaks: Sage Publications.

Otto, R. (1923), Harvey, J. (trans.) (1950)*The idea of the holy, and inquiry into the non-rational factor in the idea of the divine and its relation to the rational* (2nd ed.) . London: Oxford University Press.

Reece, T. S. (1995a) Mound as a healing image, *Journal of Sandplay Therapy,* Vol.4(2), 15-31.

Reece, T. S. (1995b) Nourished by the Dark Shadow.　「外国語論文」『日本箱庭療法学研究』Vol.8(2), 68-80.

Schon, D. A. (1983) *The reflective practitioner.* New York: Basic Books.

Schore, A. N. (2003) *Affect regulation and the repair of the self.* New York: W.W. Norton.

Seidel, J. V. (1998) *Qualitative data analysis.* Retrieved February 15, 2003 from quails@qualisresearch.com, www.qualisresearch.com

Stewart, L. H. (1987) Affect and archetype in analysis. In N. Schwartz-Salant and M. Stein

(eds.) *Archetypal Process in Psychotherapy*. Chiron Publication, 131-162.
Stewart, L. H. (1996) The Archetype Affect. In D. L. Nathanson (ed.) *Knowing Feeling*. New York: W.W.Norton, 273-287.
   Portions of this paper are drawn from Stewart 1986.
Stewart, L. H. (1998) *One man's journey*. Unpublished manuscript, Washington, D. C. (1986) Work in progress: Affect and archetype. In N. Schwartz-Salant and M. Stein (eds.) *The body in analysis*. Wilmette, Illinois: Chiron Publication, 183-203.
Sutton-Smith, B. (2002) Recapitulation redressed. In J.L. Roopnarine, (ed.) *Conceptual social-cognitive, and contextual issues in the fields of play,* Play & Culture Studies, Vol.4. Westport, Connecticut: Ablex Publishing.
von Franz, M. L. (1972, 2001) *Creation myths*. (Revised) Boston, MA: Shambala Publications
Yin, R. K. (1994) *Case study research, design and methods* (2nd ed. Vol.5). Thousand Oaks: Sage Publications.

あとがき

　日本箱庭療法学会に毎年参加したり、臨床心理士のスーパーヴィジョンを通して見聞きしたところでは、ここ15〜20年ほどの日本の子どもたちへの心理臨床の現状は、私がアメリカでこの研究を始めた1990年から2000年頃とほぼ変わらない状況であると思われる。
　この本を出そうと考えたきっかけは2、3ある。日頃、学会の事例を読ませてもらい、コメントをさせていただく機会を得ながら、皆さんの臨床現場の難しさ、厳しさを痛感し、よくアメリカと日本の教育制度の差を考えさせられた。アメリカの臨床心理士の教育は資格免許取得を基底にしたカリキュラムで行われ、特に日本と違って地域社会の公私の施設、病院、総合精神衛生センターなどで臨床実践を行う。そして、修士修得後に約2年間のスーパーヴァイズ付きの臨床経験を積んで初めて、資格試験を受ける準備を完了する。理論は実践しつつ体得していく感じである。といっても、個人開業や精神医療システムに入っていない臨床実習の場を選択する人もありさまざまで、将来の職場の選択に得手不得手が生じる。
　私の研究は、アメリカの情緒障害児を対象にしていながら、箱庭を臨床の場にもつことで、日本の読者と共有し、共同研究ができると思うし、また、興味を持っていただけるのではないかと考えている。
　この本を出すもう一つの理由は、学会で話しきれないことをここで明確にできればと考えているためである。
　本文執筆後、さらに研究が発展した事例もある。これからもおそらくそういうことがいろいろ出てくるのではないかと思う。一例は2014年の Sandplay Therapist of America のコングレスで発表した "Doing Nothing Prepares for Creativity". これは、本書で紹介したルネの「うだうだ遊び」が、きっちりとした制作に発展していくことに注目したもので、現在の脳神経科学の研究や知識を参考にして、箱庭の可能性と効果に光を当てた論文である。遊びの研究はアメリカでは教育領域で盛んであり、日本でも学習と発達に関連して、教育と

箱庭療法との共同研究がなされるのはどうであろうか。今後、これらの事例を一つひとつ検討して新しい発見、出会いがあることを楽しみにしている。

　箱庭は「こころの窓」とか「こころの鏡」とか言われているが、「見えないけれども在るものを目で見ることができる」不思議。イメージとそれの醸し出す物語は、言語の世界からは届かない、深層に蠢くものを汲みあげてくる。箱庭の場は作業中、制作者の息づかいも感情の起伏も共に観察できる、アルケミストの作業部屋がイメージされる。

　箱庭の事例を数多く経験することで、統合失調症や発達障害など、言語表現が困難なクライエントにも対応することができる。箱庭の治療関係は、0歳から2、3歳の発達心理的環境を提供することから始まるように思われる。なかには、こうしたことになかなか納得がいかないと思われるセラピストもおられるかも知れない。混乱を経験されても不思議ではない。言語以前の心と、黙って座って場を共有することは、簡単そうで実は相当な訓練が要る技術である。

　国際箱庭療法学会／協会では、この訓練のために詳しいカリキュラムを掲載して、各国がそれに添って自国のカリキュラムを作成しているようである。Sandplay Therapists of America のホームページ（http://www.sandplay.org）を参照してみてほしい。そして、日本の臨床家もこぞって、世界の箱庭療法士と交流を盛んにしてほしいものである。

　日本は他国と異なり、というより、箱庭療法に関する多種多様のリサーチが行われている唯一の国である。にもかかわらず、残念ながらそれらの研究は、ほとんど世界に紹介されていない現状である。

　さらに言えば日本国内でも、箱庭に顕現する心理的現象を日本の他領域の専門家と積極的に交流の場を持つことで、各々の研究をより発展的に進めることができるのではないだろうか。

　日本箱庭療法学会では、いつも新鮮な息吹を感じさせるシンポジウムが催されている。これはアメリカや国際箱庭療法学会では見られない傾向であることをぜひ知っていただきたい。

[謝辞]

　この研究を支援してくださった多くの方々の一人ひとりにご報告と感謝を申し上げなければならないところですが、紙面の許さないことですので、まず、故河合隼雄先生のお勧めでこの研究を始めることができ、ここに結果を出すことができましたことを、遅ればせながら河合先生に感謝をこめてご報告したいと思います。また、山中康裕先生には渡米以来、執筆などの機会を与えていただき、書くこと・研究することを励ましていただいたことに感謝します。

　1990年に博士論文の執筆を考慮した折には、斎藤久美子、三好暁光両先生にお話を聴いていただきました。また、岡田康伸先生、藤原勝紀先生、河合俊雄先生には、この論文を丁寧に検討しご指導をいただきました。そのときいただいたご示唆は目下研究中で、改めてご報告できるよう努めているところです。

　重度情緒障害児の研究で長年、資料等提供いただくなど援助してくださいました、生島博之、亀井敏彦、西村洲衞男の先生方にも感謝いたします。それから、過去20年にわたって毎年、心理臨床のセミナーを持つことを援助してくださったこのはな児童学研究所の安島智子理事長に感謝します。

　アメリカでは、私のボス、Dr. John Griffith, Ph.D. はガーナ出身でロンドンのTavistock 研究所でトレーニングを受けたサイコロジストで、私の箱庭療法を信頼し、私のしたいように臨床とその啓蒙に寛容な支援をしてくださいました。毎年、ロスアンゼルスの公私立の精神衛生機関にいる臨床家を対象に全日のサンドプレーのセミナーを開催し、河合隼雄先生にもお話をしに来ていただいたことが懐かしく思い出されます。

　私の研究に協力して遊んでくれた子どもたち、先生方やセンターのスタッフそれにカフェテリアの皆さんにも14年間、セミナーの度にお世話になり感謝しています。それから、小田原悦子教授（聖隷クリストファー大学リハビリテーション学部）と近藤知子教授（帝京科学大学医療科学部）のご両人とは博論を書くために、毎月日本語で各々の論文についてとことん話し合う集いを持ち、御陰で皆無事目的達成ができました。この仲間のユーモアと「聴く耳」に今も感謝しています。終わりになりましたが、この出版にあたって、予想以上に長時間かかったお仕事を引き受けて進めてくださった、創元社の渡辺明美編集部長に心から感謝いたします。本を書く知識も技術を全くもたず、博論のままのプリママテリアの状態から一つひとつ、手取り足取りの丹念なご指導をいただきました。昨年末たまたま、帰省していましたので機会を逃さず、大晦日には追い込みで夜まで打ち合わせをしていただきました。そのあと関空まで送っていただくなど、渡辺さんのエネルギー、「極める」熱い実践力とご好意の御陰で、出版の運びとなりましたことに厚くお礼申し上げます。

　2015年1月

　　　　　　　　　　　　　　　　　　　　　　　　　　　リース-滝 幸子

索引

［あ行］

アーメッド・ジョンソン	179, 180, 181, 187, 188
アイコンタクト	44
愛着	57, 77, 108, 122, 216
──関係	121, 122
──障害	227
アイデンティティ	47, 50, 52, 75, 120
病んでいる──	205
青い鳥	78
赤い容れ物	28
赤頭巾ちゃん	118
赤ちゃん	24, 25, 33, 36, 46, 125, 139, 140
悪	40, 42, 51, 64, 66, 72, 73, 75, 76, 110, 188, 215
アクション	40, 42, 179, 186
足枷からの解放	38
遊び	
──の回路	188
うだうだ（した）──	201, 231
幼い──	154, 163
感覚運動的──	121, 196-198, 200, 201, 205, 206
建設と破壊の──	186
自我の発達を促す──	121
象徴的な──	122
競り合う──	189
造形的──	122, 196, 199, 202
ドタバタ──	187, 200
和やかな──	122
7種類の──	197
深い──	200, 201, 217, 218, 226
兵隊──	187
魔法使いの──	186
ままごと──	122, 198, 202
物語以前の──	122, 144
幼児的な──	121
練習の──	201
温かい守りとケア	195
アタッチメント	34, 42, 45, 186, 187, 215
──の対象の移行	187
穴	32, 127, 153, 165, 166, 217
アニムスの発達	120
アフリカの戦士	33
嵐	35, 68
新たな道	159, 164
アラン（Allan, J.A.）	201
ありのままの自分	203
安全感	199
安定	48, 59, 77, 143, 144, 149, 187, 199
家	24, 26, 32, 38, 40, 45-48, 68, 70, 77, 78, 82, 86, 88, 103, 104, 108, 112, 113, 120, 127, 131, 134, 135, 140-142, 144, 152, 155, 159, 167, 180, 195, 198
建設中の──	41, 45, 51
怒り	35, 49, 70, 71, 117, 139, 185, 222, 223
制御のきかない──	184
突発的な──	171
活き活き	26, 38, 55, 101, 120, 155, 163, 185, 216, 220, 221, 223
行きづまり	96
池	43, 44, 46-48, 52, 55, 78, 81, 194, 217, 224, 226
移行（transfer）	28, 56, 121, 143, 187, 201
──対象	143
意識と無意識	204, 219, 225
意識レベル	95, 98
イシス	70

萎縮	163, 164	ウェディング	179, 187
依存と分離	104, 122	兎	78
一人称から三人称への飛躍	219	牛	103, 153
一緒にいる	125, 189	渦巻き	118, 133, 194, 198
井戸	53, 64-66, 70, 75, 76, 88, 166, 203	歌	82, 84, 87, 134, 135, 174, 180, 184, 185
移動	28, 45, 47, 88, 114, 141	内なる世界	123
イナイイナイバア	137, 187, 198	宇宙人	63, 64, 74, 75
──的な繰り返し	152	美しいバシリサ	120
犬	82, 88, 103, 153, 188, 195	美しい花	97, 216
祈り	157, 164, 187	うつ状態	23, 26, 127, 171, 192
イマーゴ（Imago Dei）	219	馬	28, 62, 89, 96, 97, 103, 108, 159, 173, 198
イメージ	18, 34, 36, 47-50, 51, 57, 120, 123, 134, 194, 198, 215, 232	馬に乗った少年	78
		海	68, 103, 112, 118, 119, 202
１対の──	121, 222, 223	裏切り	48, 49
内なる母の──	221	ウロボリック状態	49, 198
エロスとロゴスの──	121, 223	ウロボロス期	194
円の──	195	運動感覚	160, 164, 202, 215, 218
原家族の──	50, 185	英雄	30, 59, 73
自己──	73, 137, 145	──のプロセス	120
詩的な──	202	ADHD	76, 104, 123, 124, 192, 193, 196, 200, 202, 206
障碍者の──	53	ADD	76, 123, 124, 147, 192, 202
セルフの──	49, 52, 120, 137, 145, 195, 226	駅	32, 33, 48, 49
全体性の──	221	SED	→「重度情緒障害児」を見よ。
相補的な──	222, 223	STA（Sandplay Therapist of America）	15, 16
たましいの──	184	エディンジャー（Edinger, E.）	40, 57, 219
転移の──	203	エネルギー	34, 35, 38, 50, 85, 122, 132, 145, 184-186, 188, 217, 220, 226
砦の──	130	元型的──	96, 222
内界の──	123	心的──	57, 120, 187, 218, 227
ヌミノースな──	223	創造の──	175
ヒーローの──	75	破壊的な──	51, 195, 204
父母の──	143	円	18, 48, 49, 126, 129, 131-134, 142, 143, 157-159, 164, 195, 221
閉鎖の──	163, 164	──運動	49, 198
母子一体性の──	198	──形	32, 49, 194
癒し	3, 50, 70, 200, 203, 204	完全な──	221
──を求める物語	49	おあいこ	189
容れ物	28, 46, 98, 134, 137, 143, 156, 165, 201	王様	30, 32, 47, 68-70, 172, 177, 186
色ガラス	129, 131, 203	狼	118
インディアン	62, 64, 78, 79, 90, 108, 166		
──の村	79, 96		
ウィニコット（Winnicott, D.W.）	143		

大きな馬	89, 103, 108
丘	34, 114, 148
お金	43, 55, 140, 178
オシリス	70, 75
『オズの魔法使い』	90, 108, 130
オットー（Otto, R.）	220
「鬼の子小綱」	225
鬼の面	187
おはじき	104, 205
お話がない／お話以前	154, 163, 199
重荷	35
親業のクラス	167
音響効果	24, 140, 150

[か行]

貝	100, 119
外界の出来事	123
海賊	72, 73
街灯	33, 38, 42, 80, 88, 155, 162
怪物	27, 42, 49, 66, 68, 73-76, 175, 184, 204
——退治	65, 66, 76
双頭の——	75, 84, 173
解離状態	127
カウボーイ	61, 62, 64
蛙	43, 44, 46, 53, 67-70, 75, 80, 81, 91, 151, 153
	155, 156, 160, 161,164, 204, 216, 217
——の卵	47, 52, 224, 226
助産婦——	52
顔の表情	215
鍵	98, 94, 177, 187
学業不振	77
拡充	120, 169, 214, 215
学習	43, 50, 52, 55, 59, 171, 192, 202
拡張と収縮	134
かくれんぼ	185, 187, 188
影	66, 92, 123, 189, 198, 199
——との戦い（対決）	120, 187
——の取り込み	187
火山	53, 81

火事	173
家族	2, 3, 5, 16, 23, 34, 35
家族面接	19
家族歴	23, 59, 77, 99, 125, 147, 171, 215, 220
硬い殻	71, 132, 145, 159, 164
片子	50
——コンプレックス	225
語り	18, 49, 52, 73, 91, 98, 187, 188, 199, 202
	204-206, 218
家畜小屋	103
学校	15, 23, 38, 46-48, 52, 74, 77, 99, 122, 136
	137, 167, 172, 173, 182, 184, 189, 222
葛藤	71, 137, 142, 144, 145, 195, 199
カヌー	78
カバ	153
神	42, 52, 53, 219
髪飾り	111
亀	28, 67, 68, 156, 164, 216
ガラス玉	129, 221
カルフ（Kalff, D.M.）	1, 18, 40, 49, 76, 97, 142
	144, 145, 189, 194, 195, 198, 228
乾いた砂	18, 38, 127, 131, 136, 161
——箱	92, 100, 102, 109, 112, 114, 157
河合隼雄（かわい　はやお）	1
癌	77, 97
感覚運動	50, 95, 98, 121, 198
環境療法	59
玩具	18, 28, 30, 33, 45, 68, 71, 78, 100, 125, 127
	138, 140, 143, 144, 175, 182, 184, 185
	189, 198, 199, 221, 224
関係性	18, 40, 54, 56, 57, 98, 123, 194, 195, 203
——の喪失	26
関心	3, 23, 53, 108, 111, 122, 132, 182, 183, 189
	220
完全癖	137, 145, 201
願望充足	121
関与しながらの観察者	18
木	24, 47, 62, 66, 81, 82, 86, 88, 89, 92, 100, 101
	109, 112, 113, 156, 164, 195, 216
樫の——	78

——の枝	26
——の精	46
幾何学的な図形	198
危険	30, 54, 127, 171, 183, 189, 205, 216
騎士	30, 62, 73, 118, 172, 173
汽車	32, 33, 36, 38, 39, 48, 49, 51, 139
起承転結	199, 206
——のあるお話	199
劇的な——	203
犠牲者	49
汚い言葉	188
義父	23, 35, 42, 51, 219
ギフト	42, 118, 182
義母	125, 128, 133
希望	96, 112, 143, 145, 203, 213, 226
木村晴子（きむら　はるこ）	195, 198
虐待	77, 171, 184, 193
逆転移	98
ギャップトレイン	33, 36, 55, 218
救急車	36, 37, 51, 177, 186, 204, 219
救済のテーマ	47
救助	37, 48, 51, 55, 203, 204, 219, 225
教会	38, 40-42, 48, 87, 88, 157, 159, 164, 183
共感	144, 202, 204
——的な対応	28, 143
共転移 (co-transference)	98, 201, 203, 215, 222
恐怖	186, 216
恐竜	24, 25, 34, 48, 49, 62, 64-66, 92, 93, 115-117, 172, 175, 185, 195, 203, 218, 223
馭者	158
拒否	1, 24, 54, 57, 135, 138, 152
キリン	78, 81, 88
記録	18, 19, 24, 42, 51, 54, 60, 77, 78, 99, 119, 125, 127, 147, 172, 214-217, 219, 224, 226, 227
キングコング	24, 30, 31, 32, 54, 64-66, 80, 84, 172
緊張	24, 78, 81, 110, 144, 204
空想	121, 199
クール	104, 131, 182
クジラ	33
ぐずぐず	38, 55, 167
薬	15, 23, 26, 38, 47, 55, 59, 74, 171, 173, 193, 224-226
——の量	162-164
——を拒否	152
ぐたぐた	32, 168
果物	93, 94, 97, 186, 195, 216
くまのプーさん（winnie the pooh）	105, 122, 202
グループ心理療法	59
グループセラピスト	132, 133
車	29, 26, 37, 38, 48, 83, 88, 127-130, 135, 137, 141, 142, 152, 156, 160, 161, 164, 172, 177, 186, 196, 221
車椅子	59, 73-75, 147, 167
グレートマザー	133, 136
クレーン	26, 83, 130, 149, 150, 153, 161, 165, 172, 179, 181
黒猫	100
軍隊	84, 204
系列的分析	47
ケースワーカー	183
ゲーム	30, 34, 54, 116, 12-123, 131, 137, 157, 188, 197, 198, 206, 216, 225
儀式的な——	200, 205
点取り——	200, 205
劇	24, 42, 51, 189, 197-200, 205, 206, 219
ゲシュタルト	203
欠損	18, 185, 201, 227
ゲラート (Gellert, M.)	213
ケロッグの図	49
喧嘩	23, 77, 92, 94, 123, 147, 161, 164, 188, 189, 224
——ごっこ	171, 173, 175, 177, 179, 181, 187, 200, 205, 206
原家族	36, 50, 185, 218
元型	49, 50, 120, 203, 215, 219
——的なエネルギー	96, 222
——的な家族	36
——的な聖家族	218
——的な老賢者	120
——的防衛	130, 159, 164

幻視	171
現象学的発見的研究（phenomenological heuristic）	
	17
建造物	131, 143, 154, 159, 164, 165, 199
高い――	163, 216
小石	33
業（死神）	219
公園	47, 86, 198
攻撃性	39, 171, 184, 187, 189, 207
交差点	38
工事	126, 135, 152, 153, 161, 164, 172, 179
――現場	149, 150, 216
抗精神病薬	23
高速道路	36, 37, 48
行動化	117
行動障害	23, 165, 171
行動の制御	91
興奮	149, 150, 153, 163, 213, 220
コウモリ	100, 108, 113
心と体	50, 226
心の負担	51
個性化	198
――の過程	54, 120, 121, 220, 223
――の原点	198
ごっこ遊び	186, 201, 202, 216
言葉の能力	120
コネクション	116, 219, 226
小人	123, 181
コミュニケーション欠陥	184
ゴリラ	26, 30, 78
コンドル	68, 70, 75
コンプレックス	64, 157, 164, 225
――の襲撃	204

［さ行］

サイ	78
再現（replication）	203, 227
采配	67, 68, 74
魚	68, 70, 103, 112, 226

柵	41, 162, 164
殺人事件	42, 48
サポート	24, 54, 144
サメ	27, 28, 33, 49, 68, 69, 70, 75, 204
三角測量的調査	224
三角測量法（triangulation）	19
死	24-26, 28, 30, 32, 35-37, 40, 45, 47-49, 51
	65, 66, 68, 70, 75, 99, 120, 175, 193, 218, 219
シーソー	26, 205
ジェスチャー	78, 148, 150, 215
自我	40, 49, 57
頭部の――	121
発達途上の――	195
――像	74, 227
――とセルフの軸のイメージ	40
――とセルフとの出会い	218
――の確立	143,169
――の発達	76, 97, 121, 188, 194
――の芽生え	195
――の脆さ	50
自我意識	64, 98, 199, 203, 204
――の散乱	113
――の発達段階	194
自我-自己の関連軸	120
事故	43, 48-50
自己	1, 40, 51, 56, 57, 73, 75, 120, 184, 185, 189
	199, 201, 204, 209, 215, 220, 222, 223
――破壊的な志向	219
自己開示	30, 215, 216, 219, 222, 226
――イメージ	137, 145
――のアイデンティティ	52
――の形象	202
――の分裂	226
元型レベルの――	219, 222, 226
個人レベルの――	215, 226
自己主張	123, 139, 150, 163, 174, 195
自己評価	47, 137, 145
肯定的な――	96
自己表現	123, 174, 188, 215
――のための創作	204

言語による——		123		223, 226, 227
身体レベルの——		188	——の制御	48, 56, 91, 97, 163, 164
自殺	23, 37, 38, 41, 45		——の調整	48, 49, 215
——企図		171	——の変容	47
——／救助のドラマ	48, 51, 55, 203, 204		原始的な——	49, 96, 195
	219, 225		小児精神科病院	23, 59, 164
——未遂		41	消防署	82
死者	28, 48, 70, 75		ジョーズ	33, 49, 50, 68
自傷行為		23	植物	43, 44, 92, 93, 95-97, 169
自叙伝的な物語		204	植物段階	194, 195
自信	30, 169, 202, 205, 220		女性性モード	104
質的研究	19, 214		女性のイニシエーション	120
死と再生		32	触感覚的な快感	151, 163
ジニー	73, 177, 185		ショベルカー	156, 160
自閉症の心理療法		201	尻切れとんぼで道草的な話	199
島	115, 118		視力	101, 106
社会性	40, 144, 159, 164, 200, 206		城	30, 32, 47, 61, 71-73, 99-101, 103, 117
社会適応の段階	142, 144			119-123, 130, 140, 155, 157, 159-162, 164
写真	217, 221, 224, 228			165, 168, 169, 172, 173, 176, 177, 184-187
ジャック-オーランタン		179		199, 202, 203, 208, 217
宗教体験	219, 220		神経科学	123, 231
宗教的機能		53	心象風景	49, 203
終結	16, 74, 75, 95, 203, 204		新生（emergence）	52, 68
集合的無意識		54	身体-自我	121, 199, 202
執着の強さ	57, 187		身体のレベル	98
重度情緒障害児			診断	59, 78, 86, 91, 97, 147, 187, 192, 193, 196
（Severely Emotionally Disturbed; SED）	3, 16-18			202, 206
	193, 196, 200, 225		心的エネルギー	57, 120, 187, 218, 227
自由の女神		73	心的外傷	122, 227
主観的経験		19	——体験	18, 185
守護神的な父親像		51	——の癒し	203
守秘義務		19	心的現実	227
受容的態度		144	真の自分と偽りの自分	225
障害者	73, 147		心理的成長の転換期	143
——のイメージ		53	水棲動物	70, 91
城塞		130	スーパーマン	40, 63, 64, 130
象徴表現		143	スキンシップ	201
情緒的な経験	213, 222, 226		スクールバス	140
衝動	49, 50, 77, 93, 186		スチームローラー	43, 126, 148, 149, 153
情動	26, 50, 66, 93, 98, 188, 200, 213, 219, 222		スチュワート（Stewart, C.T.）	209

スチュワート（Stewart, L.H.）	222
ストイック	108
砂山	32, 121, 142, 144, 223
スパイダーマン	40, 63, 64, 73
スプリッティング	→「分裂（splitting）」を見よ。
スリル	150
成果（outcome）	15, 16, 123, 207
生活保護	171, 193
性器や排泄に関する言葉	188
精神科医	2, 26, 199
精神分析	15, 16
——関係	16
生成と破壊の力	120
整然とした風景	39
生存者	30, 34, 36, 47, 48, 66, 75, 218
セルフ	40, 56, 215, 218, 219, 226
——との連携	145
——のイメージ	49, 52, 74, 96, 120, 220, 222 225, 226
——の顕現	195, 198, 227
活性化された——	195
自己実現しようとする——	220
セルフケア・システム	96
禅	213
全壊	47, 48, 203, 218
旋回運動	49
戦車	24
戦争	83, 90
——ごっこ	139
全体性	73, 97, 144. 198, 220, 221, 203
善と悪の戦い	64
線路	→「レール」を見よ。
躁うつ	86
双極性障害（Bipolar Disorder）	78, 86, 91, 97, 192
創作	38, 56, 81, 95, 216, 219, 222
喪失	26, 48, 49, 193, 203, 218
創造	32, 57, 146, 147, 156, 169, 175, 199, 218, 219
——の始まり	121, 217
——と破壊	156, 163
創造神話	218

相補性	97
ソーシャル・プレー	188
ソール・フード	82

[**た行**]

ダーツゲーム	→「的当て」を見よ。
ダイアグラム	50, 111
退学	77
対決	52, 76, 123, 187, 198, 223, 227
退行	97, 202, 240
胎児的な生命力	195
対人関係	3, 56, 59, 197, 198, 202, 206
太母	66, 187
——的	104, 222
タイムアウト	94, 127, 130, 131, 135, 140
対立	70, 76, 97, 116, 123, 223
——と和解	198
——のない世界	119
対話	36, 42, 55, 62, 197, 206
——のレベル	143
宝	62, 74, 75, 172, 173, 184
——のつづら	62, 178
——物	8, 52, 129, 130, 145, 173, 184, 220, 221
——を盗む	62, 172, 173, 184
「抱きかかえる」方法	201
タコ	68, 91, 111
多層レベルの分析（embedded）モデル	17
戦い	30, 42, 47, 48, 21, 25, 24, 62-64, 66, 70, 74-76 84, 85, 95, 96, 120, 122, 172, 173, 182, 186 187, 189, 195, 196, 204, 217, 223
脱線	33, 36, 48-50, 218
竜巻	33-36, 43, 48-50, 176, 185, 218
多動	77, 99, 104, 112, 120, 122, 171, 192, 193, 203 207, 208, 216
タブー	23, 38, 219
卵	44, 46, 47, 52, 88, 204, 217, 224, 226
たましい	184, 226
——の救済	49
——の顕現	194

──の呼応		146
タンク		61, 84, 96, 175, 176
誕生日		113
担任	24, 26, 30, 32, 38, 45, 54, 55, 57, 59, 68, 71, 95	
	98, 99, 106, 108, 130, 136, 138, 140, 147, 148	
	151, 152, 161-165, 169, 171, 174, 184, 219, 225	
血		40-42, 51, 199
知覚感覚的な感触		198
父なるもの		70
秩序	39, 40, 51, 56, 120, 198, 200, 219	
──の破壊		34
知能		221
──の発達		91, 97
注意散漫		112
抽象的理解		97
中心性		123, 194
──シンボル		142, 144
──の元型		120
聴力		30
調和		198
治療関係	3, 97, 123, 130, 145, 162, 194, 195, 199	
	207, 222, 226, 232	
治療計画		16
治療効果		15, 16, 17, 146
治療者の経験		54, 145, 213, 226, 227
治療的退行		97
治療方針		76, 144, 208, 228
チンパンジー		78
通路		155, 160
包むもの		95
「つながり」の経験		143
「つなぐ」機能		204
積み木		138, 151
吊り橋		172
DSM-IV		196
ティーピー		78, 108
デイケア		3, 17, 52, 171
抵抗	23, 24, 28, 36, 45, 55-57, 72, 128, 147	
		178, 163
丁字路		142, 144, 161, 164
テーマ	30, 32, 34, 37, 47-49, 51, 52, 68, 74, 76, 79	
	85, 91, 92, 96-98, 104, 119-123, 131, 142-145	
	159, 164, 184, 187, 196, 199, 205, 207, 217	
	219, 224, 225	
──のシフト		43
感情の──		48
単純な──		154, 163
父と息子の──		176, 185
「母と幼児」の──		121
父母と子の──		185
「見ないで!」の──		186
ロマンスの──		108
適応の段階		40, 142, 144, 194
天辺		32, 78, 108, 118, 156, 217
デモンストレーション		24, 78, 125, 147
転移		98, 203
ハラ・レベルの──		215
てんかん	→「部分的発作障害」を見よ.	
電光		114
トイレ		68, 70, 188
同一化		185, 187
統合失調症患者		163
洞察		139
闘争段階		194, 195
動的		120, 199
動物	28, 44, 48, 52-54, 70, 78-81, 88, 92, 96, 97	
	103, 153, 154, 163, 169, 188, 195, 200, 223	
水の──		43
動物段階		194, 195
投薬		26, 59, 74, 162-164
トゥレット症候		165
道路		40, 152, 161, 164
──標識		38, 48
トカゲ女		73
特殊学級	3, 15, 17, 23, 47, 52, 59, 77, 81, 91, 97	
	99, 122, 171, 173, 174, 225	
独立		104, 187, 195
時計台		87
取っ組み合い		94, 188, 189, 200
トラウマ		3, 28, 42, 49, 50

241

——の中核	204
トラクター	26, 82, 126, 130, 131, 135, 148-150, 160, 161, 179
トラック	125, 128-130, 142, 148-150, 152, 221
ドラッグの影響	171
ドラマ	73-75, 185, 199, 200, 203, 217, 219, 222
鳥	70, 88, 188, 204
鶏	78
ドリル	150
トレーラー	128, 131
トンネル	32, 48, 52, 153, 155, 160, 199, 217

[な行]

難聴	30, 54
虹	73, 107
二面性	50
入院	3, 23, 24, 59, 166, 171, 173, 181, 183, 207
観察——	164
強制保護——	23, 51, 183
保護観察——	171
庭	87, 88, 93, 97, 100, 104, 113, 133, 198, 202
人形	41, 53, 130, 176, 180, 187, 223
人間の登場	166
忍者	182, 183, 189
認知行動療法	3, 16
盗み	44, 62, 173
ヌミノース	222
——経験（体験）	145, 219, 220, 223, 226
——のエネルギー	54
濡れた砂	18, 27, 28, 32, 36, 37, 67, 83, 88, 92, 100, 101, 111, 113, 115, 117, 127, 128, 134, 136, 153, 155-157, 160, 168, 176, 202, 223
ネガティヴな力	64
ネガティブなトーン	168
ネグレクト	130
ノイマン（Neuman, E.）	97, 121, 200
——の発達段階	121
能楽	49

[は行]

葉	24, 26, 78, 94, 109, 135
ハート	104, 117, 121-123, 203, 223
バービー	102
破壊	24, 26, 30, 34, 40, 47, 50-52, 93, 120, 156, 163, 184, 186, 199, 204, 219
——行動	59
——性	48, 70
——的なエネルギーの表出	195
——と再生（深層の破壊と再生）	218
部分的な——	48
爆発	35, 49, 53, 59, 71, 74, 81, 139, 140, 216, 225
橋	26, 36, 48, 78, 86, 96, 135, 152, 160, 164
恥ずかしい	35, 47, 225
バスケット	87, 110
旗	88, 155
爬虫類	92
発達段階	49, 50, 188, 194, 196, 203
発達的な見方	195
パトカー	160, 183
花	87, 100, 101, 104, 109, 120, 133, 134, 166, 177, 186, 195
——畑	110, 125, 135, 136, 221
白い——	111, 112
パニック	26, 49
母からの分離	188
母なるもの	195
母の喪失	203
母の病気	113
パラダイス	81
パンクセップ（Panksepp, J.）	188, 200, 206
反抗挑発症／挑戦性障害	78, 147, 193
番人	62, 71, 168, 184
半分蛙	46, 47, 52, 55, 217, 224, 225
半分人間	46, 47, 55, 217, 224, 225
ピアジェ（Piaget, J.）	201
ビー玉	28, 32, 34, 44, 46, 52, 54, 83, 104-106, 108, 110-117, 121, 129, 131, 133, 134, 137

	143, 157, 201, 205, 217, 221, 223	別離	49, 96, 193, 200
PTSD（Posttraumatic Stress Disorder）	23, 192	蛇	28, 91, 77, 179, 186, 216, 217
	193	ヘリコプター	33, 177
ピカチュウ	62, 64, 73, 90, 114, 116, 118, 121	ペレグリーニ（Pellegrini, A.D.）	188
	123, 223	変化	26, 40, 47, 54, 56, 57, 95, 98, 119, 123, 146
被虐待児	96		163, 169, 202, 204, 207, 208, 213, 218, 222
ピクニック	105, 122, 198, 202		224, 227
飛行機	33, 49, 50, 175-177	ペンギン	153
ピックアップ・トラック	160	偏見	2, 47, 91, 97
羊	26	ヘンゼルとグレーテル	120
一人遊び	198, 205	変容	32, 47, 76, 184, 203, 204, 222
秘密	23, 35, 38, 51, 52, 55, 218, 226	――の過程	218
――の部屋	198	――の力	70
姫（お姫様）	172, 177, 184	死から再生への――	40, 66
表現	35, 40, 49, 73, 74, 81, 85, 90, 96, 97, 104, 119	プロセスの――	54
	122, 137, 145, 148, 163, 164, 166, 187	ボイヤー（Bowyer, L.R.）	198
	195, 196, 198, 202, 205, 208, 214, 216	防衛	56, 61, 96, 134, 143, 185, 201
	218, 221-223, 225, 232	――的対応	162, 164
感情――	127, 184	――の壁	56
病歴	23, 59, 77, 99, 171	元型的な――	130, 159, 164
弘中正美（ひろなか　まさみ）	198	崩壊	34
ファミリー・セッション	166, 167, 169	傍観者	37, 41, 85
フィードバック	137, 145	ホウキ	40, 102, 103, 118, 131
フィナーレ	72-75, 217	放任	183
フォスターホーム	59, 99, 171	暴力	23, 26, 74, 99, 130, 192, 216, 225
フォローアップ	164, 168	ボート	175
フォン・フランツ（von Franz, M.L.）	52	ホーリスティック・モデル	17
不機嫌	26, 45, 55, 152	ポコハナ	73
不正	49	母子一体	50, 97
豚	103, 104	――感	18, 194, 222
布置	200, 203	――期	194
葡萄	87, 133, 134, 143, 177	――性	56, 98, 144, 145, 187, 194, 195
部分的発作障害（てんかん）	59, 70, 192	――性の欠損	77, 200
普遍性（generalizability）	227	――のダイナミクス	188
フラストレーション	139	母子家庭	99, 171, 193
ブラドウェイ（Bradway, K.）	215	母子関係	26, 122, 200
噴水	136	健康な――	97
分裂（splitting）	97, 123, 225, 226	母子分離以前の一体性	243
兵隊	41, 62, 84, 85, 90, 96, 177, 186, 187, 216	母体	95, 195
ペガサス	28, 73, 173	ホラス（Horus）	70, 75

243

堀	157
ポリス	73
本能	49, 195

[ま行]

マーメイド	118
マサイの戦士	28
マジックトリック	175
マジックポーション	176, 187
魔女	72, 73, 103, 108, 112, 120
──の城	99, 101, 104, 107, 109, 110, 113, 114
	116, 119-122, 202
マスカットグレープ	93
窓	155, 232
的当て（ダーツゲーム）	45, 64, 80, 81, 83, 86, 88
	92, 94, 95, 160, 205
魔法使い	90, 100, 101, 108, 130, 186
護り	40, 130
護り神（Guardian spirit）	46
麻薬	23, 59, 171, 185, 193, 203
マンダラ	50, 64, 74, 120, 130, 132, 136, 142, 145
	159, 164, 186, 198, 203, 220
──の形成	49, 144
──の誕生	143
立体──	199
右と左の世界	161, 164
水	18, 27, 32, 43, 44, 46, 52, 53, 65-67, 70, 75, 78
	81, 87, 106, 111, 115, 130, 136, 149, 152, 153
	156, 161, 165, 168, 198, 199, 201, 217, 226
水蛇	28
溝	92
未分化	91, 93, 98, 119
無意識	57, 121, 185, 195, 204, 213, 218, 219
	225, 234
ムカデ	68
鞭	135
眼鏡	106
瑪瑙	42
メラリル（抗精神病薬）	23, 45

メランコリックなムード	44
妄想	173
モティベーション（motivation）	26, 199, 202, 207
──の変化	57
物語	23, 44, 48, 49, 56, 70, 74, 79, 81, 93, 108, 183
	200, 202, 205, 208, 215, 225, 232
──以前	75, 76, 121, 122, 144, 197
──以前のお話	26, 196, 199, 204, 206
クリスの──	203, 224
自叙伝的な──（マイク）	204
デイジーの──	204
箱庭の──	73, 96, 203, 204
未完結の──	199
森	64, 88, 97, 120, 195
文句	123
問題解決	64, 74, 75, 79, 184
問題行動	23, 49, 59, 77, 99, 117, 119, 123, 124
	136, 164, 171, 173, 200, 203, 204, 207, 220
問題提起	74, 75, 96, 122, 184, 203

[や行]

野球	60, 86, 88, 90, 94, 198, 205
薬物療法	17, 99, 216
役割の反転	202
野菜	93, 97, 104, 105, 120
野獣	43
山中康裕（やまなか やすひろ）	209
憂うつ	26, 45, 54, 71, 108, 132, 138, 147, 149
夢	112, 113, 129, 130, 177
──の捕獲ネット	44
悪──	44, 186
恐い──	44, 177
初回──	96
夢分析	225
ユング（Jung, C.G.）	219, 220
ユング心理学	1, 226
ユング派の心理療法	15, 145
良い男性像	64
養育放棄	96

［ら・わ行］

ライオン	81, 85, 103
螺旋	132, 145, 221
――の動き	134, 143
乱暴	23, 77, 115, 117, 120, 123, 207, 223
リズミカルな動き	215
理想郷	79, 83, 85, 96, 204
リタリン	99, 162, 164
陸橋	36, 51
竜（ドラゴン）	64-66, 85, 173, 175, 177, 184, 185, 187
――退治	84
火を噴く――	184
両棲動物	44, 91, 97, 98
臨床的な見方	195
ルール	34, 121, 189, 200, 205
自分の――	110
3つの――	18
レール（線路）	32, 33, 36, 38, 48, 49, 138
レゴ	71-73, 137, 179, 180, 188
レスリング	42, 172, 179, 180, 188
――マッチ	8, 40, 181, 187, 200, 205
牢獄	177, 185
ローエンフェルト (Lowenfeld, M.)	15, 215
ロジャーズ（Rogers, C.R.）	1
ロビン	63, 34, 73
和	194, 195
ワゴン	158, 159, 164
ワニ	28, 68, 91, 92, 173

■著者紹介……………………………………………………………………

リース-滝 幸子（リース　たき　さちこ）

ユング派分析家。箱庭療法のスペシャリスト。
1961年　京都市立中学校の養護教諭として勤める。
1965年　京都市教育委員会主催のカウンセリング研修会にて河合隼雄の指導を受ける。
1967年　ドラ・カルフ女史（箱庭療法の創始者）の来日の際、直接、箱庭療法の手ほどきを受ける。
1969年　渡米。
1971年より、カルフの紹介によりイーデス・ソーウォルドから箱庭の個人分析を受ける。
1975年　ロスアンゼルス、ペパーダイン大学大学院修了（臨床心理学専攻）。
1976年　カリフォルニア州、結婚・家族・児童カウンセラー免許を取得。
1983年から、ロスアンゼルス・ユング研究所にて分析心理学を専攻。
1990年　ユング派分析家の資格を取得。
1992年から2007年まで、南ロスアンゼルス地域の精神衛生センター、トレーニングコンサルタントとして、セラピストや医学部のレジデントに児童心理療法の臨床指導を行う。
1999年　国際日本文化研究センター客員助教授。
2007年　京都大学教育学部臨床心理学科教育学博士。
Faculty of The C.G. Jung Institute of Los Angeles, 1990-preset

重度情緒障害児への箱庭療法
7人の子どもたちの事例をもとに

2015年2月20日　第1版第1刷発行

著　者　　　　　リース-滝 幸子
発行者　　　　　矢部 敬一
発行所　　　　　株式会社 創 元 社
　　　　　　　　http://www.sogensha.co.jp/
　　　　本社　〒541-0047 大阪市中央区淡路町4-3-6
　　　　　　　　Tel.06-6231-9010　Fax.06-6233-3111
　　　東京支店　〒162-0825 東京都新宿区神楽坂4-3 煉瓦塔ビル
　　　　　　　　Tel.03-3269-1051
印刷所　　　　　株式会社 太洋社

© Sachiko Taki-Reece 2015, Printed in Japan
ISBN978-4-422-11582-5

落丁・乱丁のときはお取り替えいたします。

JCOPY 〈(社)出版者著作権管理機構 委託出版物〉

本書の無断複写は著作権法上での例外を除き禁じられています。複写される場合は、そのつど事前に、(社)出版者著作権管理機構（電話03-3513-6969、FAX 03-3513-6979、e-mail: info@jcopy.or.jp）の許諾を得てください。